대분류	중분류	소분류	세분류	교재
07. 사회복지·종교	1. 사회복지	1. 사회복지서비스	04. 사회복지사례관리	NCS를 적용한 사회복지실천론

NCS를 적용한 사회복지실천론

최윤정

KNOWLEDGE COMMUNITY 공동체

머리말

사회복지현장뿐 아니라 대학의 교육 환경도 급변하고 있습니다. 직무중심의 교육이 이루어져야 한다는 사명하에 모든 전문대학의 교육과정이 국가직무능력표준(NCS : National Competency Standards)을 기반으로 개편되었고, 사회복지분야 역시 이 흐름과 함께 NCS가 도입되어 교육이 이루어지고 있습니다.

사회복지 교육은 사회복지사 자격취득과 밀접히 연관되어 있고, 자격취득을 위한 법정교과목을 그대로 둔 채 NCS를 적용하기는 쉽지 않았습니다. 특히 '사회복지실천론' 교과목은 사회복지사 자격 취득을 위한 기본 교과임과 동시에 사회복지사 1급 자격 취득을 위한 국가시험 교과목이기에 한국사회복지교육협의회의 교과목 지침서에서 제시하고 있는 기본적인 내용을 무시하고 NCS 능력단위만으로 교과목을 구성하여 교육을 진행하기에는 무리가 따를 수밖에 없었습니다. 또한 기존의 사회복지실천론 교재를 이용해서 NCS 기반의 직무중심 교육을 수행하는 것 역시 큰 한계가 있었습니다.

이에 경남정보대학교 사회복지과에서는 기존의 교과목에 NCS를 적용하여 교육의 효과와 질을 담보할 수 있는 방안을 강구하기 위해 다각도로 노력해 왔습니다. 그 과정에서 NCS를 적용함과 동시에 한국사회복지교육협의회의 교과목 지침서에서 제공하고 있는 내용을 접목한 교재를 발간하는 것이 학생들에게도 교수자에게도 도움이 되겠다고 판단하였습니다.

교과목 지침서에 따르면 사회복지실천론은 실천의 이론적 관점, 역사적 발달과정, 가치, 면접과 관계형성, 개인, 집단, 가족, 지역사회에 대한 전반적인 실천과정, 사례관리 등이 포함되어야 한다고 명시되어 있습니다. 이론적 관점, 역사적 발달과정 가치 등을 제외하고 면접과 관계형성, 전반적인 사회복지실천과정, 사례관리 등을 모두 포괄할 수 있는 NCS 능력단위의 세 분류는 사회복지사례관리였습니다.

따라서 본 교재는 1장부터 4장까지는 사회복지실천론에서 기본적으로 다루어야 하는 이론적 기반인 사회복지실천의 개념, 사회복지실천의 역사, 사회복지실천의 가치와 윤리, 사회복지실천현장에 대한 이해로 구성하였습니다. 이와 관련한 직무능력단위가 NCS에서 제시되지는 않았으나 사회복지실천론 교과에서 기본적으로 이해되어야 할 부분이었기 때문에 포함시켰습니다. 5장부터 11장까지는 사회복지사례관리에서 제시하고 있는 능력단위를 바탕으로 학생들이 직무를 익힐 수 있도록 구성하였습니다.

사회복지사례관리는 대분류는 사회복지·종교, 중분류는 사회복지, 소분류는 사회복서비스 내에 세분류로 구분되어 있으며, 사례관리 외부운영체계 구축, 사회복지사례관리 내부운영체계 구축, 사회복지사례관리 인테이크, 사회복지사례관리 통합적 욕구 사정, 사회복지사례관리 실행계획 수립, 사회복지사례관리 직접실천, 사회복지사례관리 간접실천, 사회복지사례관리 평가, 사회복지사례관리 종결의 총 9개의 능력단위로 구성되어 있습니다. 이 능력단위 중 전문대학 교육과정에서 수행하기에 적합하지 않다고 판단된 2개의 능력단위(사회복지사례관리 외부운영체계 구축, 사회복지사례관리 내부운영체계 구축)를 제외한 나머지 7개의 능력단위를 본 교재에 포함시켰습니다.

본 교재는 NCS 능력단위 위주로 목차가 구성되어 있기 때문에 기존의 사회복시실천론의 목차 양식과는 다소 차이가 있습니다. 또한 학습내용의 일관성을 위해서 NCS 능력단위에 포함되지 않는 내용도 모두 NCS 능력단위 형태로 구성하였습니다.

학교에서 배운 이론과 실천현장의 괴리감에 관한 이야기는 사회복지현장과 사회복지를 전공하는 학생들에게 자주 듣곤 합니다. 사회복지실천을 위해서 이론과 실천을 분리해서 생각할 수는 없지만 그동안의 사회복지교육이 현장 직무

중심으로 이루어지지 못했던 것 역시 인정할 수밖에 없는 사실입니다. 사회복지실천론 교과목에서 본 교재를 활용한 직무중심 수업으로 이러한 갈증이 조금이나 해소되기를 기원해 봅니다.

교육환경과 사회복지현장의 급격한 변화 속에서 충분한 기간을 두고 교재를 집필하는데 한계가 있었습니다. 부족한 부분은 계속해서 보완해 나가겠습니다.

끝으로 이 책을 만드는 데 도움을 주신 김동훈 사장님과 공동체 가족 여러분께 감사드립니다.

2017년 8월

저자 최윤정

차 례

01
Chapter

사회복지실천의 개념

학습 1 사회복지실천의 정의와 목적

학습 2 사회복지실천의 이념과 철학적 배경

학습 3 사회복지실천의 대상과 방법

제1장 사회복지실천의 개념

능력단위 명칭 : 사회복지실천 개념 이해

능력단위 정의 : 사회복지실천의 정의, 목적, 기능, 이념과 철학적 배경, 대상과 방법에 대해 이해하고 설명할 수 있다.

■ 능력단위 요소 및 수행준거

능력단위 요소	수행준거
사회복지실천의 정의, 목적, 기능 설명하기	1.1 사회복지실천의 정의에 관해 설명할 수 있다. 1.2 사회복지실천의 목적을 설명할 수 있다. 1.3 사회복지실천의 기능에 관해 설명할 수 있다.
사회복지실천의 이념과 철학적 배경 이해하기	2.1 사회복지실천의 이념과 철학적 배경에 관해 설명할 수 있다.
사회복지실천의 대상과 방법에 대해 설명하기	3.1 사회복지실천의 대상에 대해 설명할 수 있다. 3.2 사회복지실천의 방법에 대해 설명할 수 있다.

■ 선수 학습

인간과 사회환경에 대한 심리사회이론, 생태체계이론, 생애발달이론, 사회복지개론

■ 핵심 용어

사회복지, 사회복지실천, 대상, 방법, 사회복지실천 이념

■ 수행 학습 필요 사항

자료 및 관련 서류

- 사회복지실천 관련 문헌

장비 및 도구

- 컴퓨터
- 화이트보드
- 빔프로젝트
- 모둠학습테이블

학습 1 사회복지실천의 정의와 목적

필요 지식 | 사회복지실천의 정의, 목적, 기능

1. 사회복지실천의 정의

사회복지실천은 영어 Social Work Practice를 우리나라 상황에 맞추어 번역한 것으로 그동안 사용되어 왔던 사회사업(Social Work), 개별사회사업(Social Casework), 임상사회사업(Clinical Social Work), 일반사회사업(Generalist Social Work)이라는 전통적 방법론들이 통합되면서 등장하게 되었다. 우리나라에서 본격적으로 사용하기 시작한 것은 1998년 「사회복지사업법」 시행령 및 시행규칙 개정 당시 한국사회복지사협회가 사회복지실천방법과 관련된 교과목을 정리하면서 사회복지실천론과 사회복지실천기술론으로 구분하였다. 이때부터 사회복지실천(Social Work Practice)이라는 용어를 본격적으로 사용하기 시작하였다. 이 이전만 해도 주로 사회사업(Social Work)이라는 용어를 사용하였고, 이것이 사회복지실천을 의미하였다.

사회복지실천은 사회복지 접근방법 중 하나로 사회복지의 미시적이고 기술적인 측면을 강조하며, 사회복지의 전문적인 실천 기술을 강조하고자 할 때 주로 사용되어 왔다. 이는 사회복지의 의미를 어떻게 설정하느냐에 따라 개념 규정이 다소 달라질 수 있다. 일반적으로 말할 때 사회복지는 개인, 집단, 지역사회, 제도 및 사회적 수준에서 보다 나은 사회적 기능 또는 사회적 관계를 목표로 한 사회적 서비스 및 인간의 복지를 가능하게 하는 과정으로 규정되어 왔다(Dolgoff & Feldstein, 2000, 김기태 외, 2007 재인용). 이러한 개념은 인간의 안녕을 위해 추구하는 모든 제도적이고 직접적인 노력 또는 과정으로 거시적인 측면에서의 정의로 이해될 수 있다. 이 개념의 대응적인 개념으로서 미시적인 측면은 문제와 욕구를 가진 특정한 개인, 가족, 집단, 지역사회 등에 대하여 보다 구체적이고 직접적인 서비스를 제공하는 것을 의미한다.

이와 같은 측면에서 볼 때 사회복지실천은 미시적인 측면과 관련이 있는 것으로 이해되어 왔다. 이를 정리해 보면, 우리나라에서의 사회복지실천은 사회복지체계 안에서 일하는 일차적인 전문직으로 보는 입장과 일치하는 것으로 미국에 있어서의 사회사업실천(social work practice)과 동일한 의미로 규정될 수 있다. 이와 같이 사회복지실천을 사회복지의 미시적이고 전문적인 측면으로 간주하였을 때 역사적 발달과정에서 사회사업(social work), 사회복지서비스(social welfare service), 임상사회사업(clinical social work) 등의 용어와 강한 관련성을 가지는 것으로 이해되며, 본 장의 서두에서 언급한 다양한 전통적 방법론의 통합이라는 측면을 쉽게 받아들일 수 있게 된다. 역사적으로 사회복지실천은 주로 미국에서 사회복지발달 초기에 사회사업의 개념으로 출발하였으며 사회복지실천이라는 용어는 훨씬 이후에 나오게 된다. 임상사회사업(clinical social work)은 사회복지실천의 개념이 보다 명료화되어 가는 과정에서 1970년대 미국에서 사회복지실천의 전문성을 보다 중시하려는 일부의 실천가들을 중심으로 이 용어를 사용하기 시작하였다. 따라서 사회복지실천과 임상사회사업은 크게 보면 동일한 개념이라 하겠으나 양자 간의 차이에 주목하면 사회복지실천의 전문성과 수준, 그리고 그 질을 보다 높이려는 것과 관련이 되어 있다고 이해되어야 한다. 그리고 우리나라에서 보편적 개념으로 사용하고 있는 사회복지설천은 서구에서의 사회사업실천과 유사한 개념으로 보아야 한다. 따라서 사회복지실천은 사회사업, 사회복지서비스, 임상사회사업과 상관적인 개념으로 보아야 하며 사회사업실천과도 동일한 개념으로 이해되어야 한다(김기태 외, 2007).

사회복지실천의 개념 정의는 여러 학자 및 협회를 통해 이루어졌는데 구체적인 내용은 다음과 같다(김기태 외, 2007 : 18-24; 구금섭 외, 2014 : 26-28, 박귀영 외, 2015 : 18 재구성).

1) 메리 리치몬드(Mary Richmond, 1922)

사회복지실천은 인간을 둘러싸고 있는 환경과의 부조화나 갈등을 해소할 수 있도록 욕구를 충족시키고 사회규범에 적용할 수 있는 활동이라고 정의하였다.

2) 펄만(Perlman, 1957)

사회복지실천이란 개인들이 사회적 기능을 함에 있어서 그들의 문제를 보다 효과적으로 대처해 나갈 수 있도록 개인들을 돕는 사회복지기관의 한 과정이라고 하였다.

3) 핀커스와 미나한(Pincus & Minahan, 1973)

『통합적 접근방법에 의한 사회복지실천』이라는 책에서 사회복지실천에 대한 정의를 제시하였는데, 사회복지실천을 사람과 자원체계 간의 연결과 상호관계로 정의하였다.

4) 미국사회복지사협회(NASW, 1974, 1977)

미국사회복지사협회는 사회복지실천이 개인, 집단, 또는 지역사회가 사회기능을 향상시킬 수 있는 자신들의 능력을 회복하거나 증진시키고, 자신들의 목표 달성을 위한 사회조건을 창조하도록 돕는 전문적인 활동으로 사회통제의 한계를 지니고 있다고 하였다.

5) 미국사회복지교육협의회(CSWE, 1994)

사회복지실천은 삶의 질을 향상시키고 빈곤과 억압의 감소를 위해 공적인 영역과 사적인 영역으로부터 권한을 위임받아 다양한 분야에서 사회적 서비스를 제공하는 것이다. 사회복지를 이루기 위한 사회복지의 구체적인 활동체계의 전 과정으로 각양각색의 사회적인 욕구를 지닌 사람들이 사회복지사와 함께 노력하고 활동하여 사회적인 기능을 정상화시키고, 그들의 욕구를 충족해 가는 사회복지방법의 총체이다. 현대사회의 다양한 욕구와 문제를 해결하기 위해 개인, 집단, 조직사회의 통합방법의 하나로 실천노력의 핵심은 사회적 기능수행상의 문제를 중심으로 사회복지사와 클라이언트가 함께 활동하는 것이다.

6) 돌고프(Dolgoff, 1997)

인간복지의 향상, 빈곤과 억압의 경감, 최상의 삶의 질 향상을 위해 업무를 수행하는 전문직이라고 하였다.

이상에서 살펴본 사회복지실천과 관련된 정의에는 다음과 같은 내용이 포함되어 있다(김기태 외, 2007). 첫째, 인간의 문제와 욕구에 관심을 가지고 있다. 둘째, 사람들의 능력 신장이나 생활과업수행이 아주 중요하다. 셋째, 사회적 기능의 향상 또는 개인과 환경과의 상호작용도 매우 중요하다. 넷째, 개인, 가족, 집단, 지역사회가 서비스의 단위가 되고 있다. 다섯째, 전문적인 지식과 이론을 바탕으로 한 원조활동이다.

이러한 내용을 종합해 볼 때, 사회복지실천이란 사회복지사가 사람의 삶의 질 향상을 위해 개인, 소집단, 가족 또는 지역사회의 문제 및 욕구에 권한부여적 문제해결 접근방법으로 개입하는 종합적인 전문활동이라고 정의할 수 있다(양옥경 외, 2005).

2. 사회복지실천의 목적

사회복지실천의 궁극적인 목적은 모든 사람의 삶의 질(quality of life)을 향상시키는 것이다. 사회복지실천의 목적은 사회복지 역사의 초창기부터 논의되어 왔으며, 미국사회복지협회를 비롯해 여러 전문가 단체들이 사회복지실천의 정의를 내리면서 동시에 규명하고자 노력해 왔다. 각각의 내용은 아래와 같다(김혜영 외, 2015).

1) 미국사회복지사협회(NASW)의 사회복지실천의 목적

미국사회복지사협회는 "사회복지실천의 목적은 모든 개인의 삶의 질 향상을 위해 개인과 환경 간에 상호호혜적 상호작용을 촉진하고 유지시키는 것이다"라고 밝혔다. 즉, 미국사회복지사협회의 사회복지실천 목적에서는 '개인과 환경 간의 상호유익한 상호작용을 촉진하는 것'을 주요 내용으로 하고, '모든 개인'이라는 모든 사회 구성원을 대상으로 하여, '삶의 질 향상'을 궁극적인 목적으로 하고 있음을 밝히고 있다.

2) 미국사회복지교육협의회의 사회복지실천의 목적

① 개인, 가족, 집단, 조직, 그리고 지역사회가 목적을 달성하고 고통을 완화시키며, 자원을 활용할 수 있도록 도움으로써 이들의 사회기능을 촉진, 회복, 유지, 향상시키는 것이다.

② 인간의 복지를 촉진시키고, 빈곤, 억압, 그리고 그 이외의 사회적 부정의(social injustice)를 경감시키는 것, 기본 욕구를 충족시키고 인간이 가지고 있는 잠재력 및 가능성 개발을 돕기 위해 필요한 사회정책, 서비스, 자원, 그리고 프로그램을 계획, 공식화, 시행하는 것이다.

③ 곤궁에 처한 집단에게 권한부여를 하고 사회적·경제적 정의를 실현하기 위해 조직적·행정적 옹호와 사회운동을 통해 정책, 서비스, 자원, 그리고 프로그램을 추구하는 것이다.

④ 이러한 목적과 관련된 모든 전문적인 지식과 기술을 개발하고 시험하는 것이다.

3) 핀커스와 미나한(Pincus & Minahan)의 사회복지실천의 목적

① 개인의 문제해결 및 대처 능력을 향상시킨다.
② 개인을 자원, 서비스, 기회를 제공해 주는 체계와 연결한다.
③ 그 체계들이 효과적이며 인도적인 운영을 하도록 촉진한다.
④ 사회정책의 개발과 발전에 기여하는 것을 목적으로 삼고 있다.

3. 사회복지실천의 기능

1) 사회복지실천의 기능

위에서 살펴본 사회복지실천의 목적과 관련하여 볼 때 사회복지실천은 다음과 같은 기능과 실천내용을 포함하고 있는 것으로 이해될 수 있다(Pincus & Minahan, 1973, 김기태 외, 2007 재인용).

① 사람들이 그들 자신의 문제를 해결하거나 처리하는 능력을 향상시키며 그 능력을 적절하게 이용할 수 있도록 돕는 것
② 사람들과 자원체계 사이에 연결고리를 만들어 주는 것
③ 사람들과 사회자원체계 사이의 상호작용을 촉진시키고 수정하며, 새로운 관계를 수립하게 해주는 것
④ 자원체계 내에서 사람들 사이의 상호작용을 촉진시키고 수정하며 관계를 수립하게 해주는 것
⑤ 사회정책의 개발과 수정에 이바지하는 것
⑥ 물질적인 자원을 분배하는 것
⑦ 사회통제의 매개체로서 봉사(기능)하는 것

이러한 사회복지실천의 기능을 크게 세 가지로 정리해 볼 수 있는데, 첫째, 개인의 사회적 기능 향상 기능, 둘째, 개인의 역기능 회복 및 치료 기능, 셋째, 사회정의의 촉진 기능이다. 즉, 사회복지실천의 기능은 사람들의 삶의 질을 향상시키기 위해 사회복지전문가가 수행하는 기능으로, 이는 앞서 언급한 사회복지실천의 개념과 목적에서 기술된 것처럼 개인의 사회기능 증진 뿐 아니라 사회적·경제적 정의를 실현하기 위한 조직적·행정적 옹호와 사회운동까지 포함한다.

2) 사회복지사의 역할

사회복지실천의 기능과 관련하여 사회복지사가 사회복지실천에서 어떠한 기능 또는 역할을 수행하는가를 파악하는 것은 사회복지실천의 기능을 더욱 명확하게 이해할 수 있게 한다. 재스트로(Zastrow, 1999)는 사회복지사의 역할을 다음의 13가지로 설명하고 있다(김기태 외, 2007).

① 가능하게 하는 사람(enabler)

사회복지사가 개인이나 집단, 지역사회가 그들의 욕구를 명료화하도록 돕는 것이다. 그들이 직면하고 있는 문제를 보다 분명하게 해주고 해결방안을 찾아주며 그들 자신의 문제를 보다 효과적으로 다룰 수 있는 자신의 능력을 발달시켜 주는 역할이다.

② 중개인(broker)

개인이나 집단이 지역사회 내에 있는 서비스 체계나 자원을 활용할 수 있도록 돕거나 안내해 주는 역할을 말한다. 많은 경우에 있어서 클라이언트들은 자신이 필요로 하는 서비스나 자원이 지역사회 내에 어디에 어떻게 있는지를 모르거나 이용방법을 알지 못하여 고통으로부터 벗어나지 못하고 있기 때문에 이런 역할을 사회복지사가 수행한다.

③ 옹호자(advocator)

법률 분야에서 변호사의 역할을 빌려온 것으로서 사회복지사는 클라이언트에 대하여 옹호인 역할을 수행해야 할 때가 있다.

④ 권한부여자(empowerer)

사회복지실천의 핵심적인 목적 중의 하나가 클라이언트로 하여금 자신의 권한과 능력을 향상, 신장시키는 것에 맞추어져 있다. 그래서 클라이언트가 자신의 환경을 이해하고 기회를 만들며, 자신의 결정에 대하여 책임을 지게 하는 것이다.

⑤ 행동가(activist)

사회복지사는 사회운동가이며 동시에 행동가이다. 이러한 역할은 사회정의, 불평등과 사회적 박탈에 관심을 가지고 있는 것이며 개인들의 욕구를 충족시켜 주기 위해서 사회환경의 변화에 관심을 가진다. 그러기 위해서 사실을 탐구하고 지역사회 욕구를 분석하며 조사연구, 정보의 보급과 해석, 사람들의 활동을 조직하는 것 등을 행한다.

⑥ 중재인(mediator)

이는 상이한 의견이나 가치를 가진 개인들 간 또는 집단이나 조직 간의 갈등 등을 중재하는 역할을 의미한다. 이때 사회복지사는 중립적인 위치에 머물러 있어야 하며, 논쟁에서 한편으로 치우쳐서는 안 된다.

⑦ 협상가(negotiator)

이는 하나 혹은 그 이상의 갈등적 문제를 가진 사람들이 서로 화해하고 수용하며 의견의 일치를 이루어 내도록 돕는 것이다. 여기에는 협상이 유용하며 사회복지사는 중립적인 입장에 머무를 수가 없고 의견을 가지고 적극적으로 개입하게 된다.

⑧ **교육자**(educator)

이 역할은 클라이언트에게 정보를 제공하고 적응할 수 있는 방법들을 가르치는 것이다. 이 경우 사회복지사는 많은 것을 알고 있어야 하며 또한 훌륭한 의사소통 기술을 지녀야 한다.

⑨ **제안자**(initiator)

하나의 문제 또는 잠재적인 문제는 주의를 기울이기 전에 그것은 문제로 간주되지 않기 때문에 창도자로서 사회복지사는 문제에 주의를 기울여야 한다.

⑩ **조정자**(coordinator)

이 역할은 구성원들을 조직화된 방식으로 함께 묶는 것이다. 가령 복합적인 문제를 가진 가족의 경우 여러 기관들이 함께 일을 하게 되는데 서비스의 중복과 상호 간의 갈등을 피하기 위하여 조정을 시도하게 된다.

⑪ **조사연구자**(researcher)

모든 사회복지사는 반드시 한 사람의 조사연구자일 수밖에 없다. 왜냐하면 사회복지실천은 관심 있는 분야의 문헌에 대한 조사, 실천의 결과평가, 프로그램의 장·단점 사정, 지역사회 욕구의 탐구 등이 포함되기 때문이다.

⑫ **집단촉진자**(group facilitator)

사회복지사가 관여하는 집단들은 치료집단, 교육집단, 자조집단, 감성집단, 가족치료집단 등으로 이러한 집단에서 사회복지사는 집단경험의 리더로서 받아들여진다.

⑬ **강연자**(public speaker)

사회복지사는 대중을 상대로 하는 강연자이다. 또한 다양한 집단들과 대화를 해야 하는 경우도 있다.

4. 사회복지실천의 구성요소

여기서는 펄만의 4P와 핀커스와 미나한의 네 가지 기본 체계에 대해서 살펴봄으로써 사회복지실천의 구성요소에 대해 살펴보기로 한다(이은희 외, 2014).

1) 펄만의 4P

펄만(1957)은 사회복지실천은 4P로 구성되어 있으며, 4P가 매우 중요하다고 주장하면서 사회복지실천의 과정을 문제해결 과정으로 규정하였다. 펄만은 이후 전문가(professional)와 제공자원(provisions) 두 가지를 포함시켜 2P를 추가하였다.

① 사람(Person)

어떠한 도움을 필요로 하는 보편적인 인간으로서 스트레스에 노출되어 있으며 자신의 삶의 영역에서 적응에 실패하거나 어려움을 겪고 있는 클라이언트를 의미한다.

② 문제(Problem)

클라이언트가 직면하고 있는 고통이나 사회적인 부적응을 의미한다.

③ 장소(Place)

문제를 가진 사람들이 찾아오는 곳으로서 사회복지실천기관을 의미한다.

④ 과정(Process)

기관에 속한 사회복지사에 의하여 도움이 제공되는 업무상의 절차를 의미한다.

2) 핀커스와 미나한(1973)

사회복지실천이 다음의 네 가지 기본 체계로 구성되어 있다고 설명하였다.

① **변화매개인체계**(change agent system)

계획된 변화를 실행하게 되는 주관자로서 사회복지사는 물론이고 사회복지 기관에 고용되어 원조업무를 돕는 사람과 변화 노력을 주도하는 기관 전체를 포함한다. 여기서 가장 핵심적인 인물은 사회복지사이며 기관 외부에서 개별적으로 변화를 시도하는 원조자는 제외되는 것으로 본다. 즉, 변화매개인과 그가 속한 기관의 직원들을 말한다.

② **클라이언트체계**(client system)

클라이언트체계는 변화매개인의 서비스를 기대하는 사람으로서 어떤 구체적인 형태로 도움을 요청한 사람을 가리킨다. 여기에서 클라이언트라고 하면 도움을 요청하여 변화매개인의 서비스를 제공받는 개인, 가족, 집단, 기관이나 지역사회를 의미하는 것으로 보아야 한다. 이 경우 클라이언트와 변화매개인 간에는 변화 노력의 목표나 목적 그리고 방법 등을 명시한 업무 동의와 계약이 이루어져야 하며 이 과정에서 클라이언트의 자기결정은 중요하다.

③ **표적체계**(target system)

주로 변화매개인이 클라이언트의 문제해결을 위해 설정한 목표를 달성하기 위하여 영향을 미치거나 변화시킬 필요가 있는 대상이다. 사회복지사는 개입을 할 때에 클라이언트체계와 함께 변화의 목표를 설정하게 되는데 그 목표를 달성하기 위해서는 변화가 있어야 할 특별한 사람들이나 대상들이 있을 수 있다. 이때 그 사람들이나 대상들을 표적체계라고 한다. 보편적으로 클라이언트는 표적체계의 범주에 속할 수도 있으나 반드시 표적체계인 것은 아니다.

④ **행동체계**(action system)

사회복지사가 의도적이고 계획적인 변화 노력을 시도함에 있어서 목표를 달성하기 위하여 어떤 사람의 도움을 받을 수도 있으며 그와 함께 일할 수 있는데 주로 이러한 특정인을 일컫는 것이다.

학습 2 사회복지실천의 이념과 철학적 배경

필요 지식 | 사회복지실천의 이념과 철학적 배경

사회복지실천은 역사적 흐름으로 볼 때 전문직의 발달과 함께 이념과 철학이 추가되거나 변화되어 왔다. 여기서는 사회복지실천이 다양한 이념과 철학을 배경으로 하고 있으나 가장 영향을 준 이념과 철학을 중심으로 살펴보고자 한다(김혜영 외, 2015; 박귀영 외, 2015).

1. 인도주의 및 박애주의

사회복지실천은 1601년 영국의 구빈법에 그 기원을 두고 있어, 구빈법에 의한 우애방문자(friendly visitors)를 사회복지사의 시작으로 볼 수 있다. 이들은 대부분 자원봉사자들이었으며 박애주의 · 인도주의를 가장 주된 이념으로 가지고 있었다. 이러한 사상은 사회복지실천의 기본 정신이 되었다.

박애주의는 인종 · 종교 · 신분 · 풍습 · 이해관계 등의 현실적 차별을 초월하고 인간성을 기초로 하여 어려움을 같이 나누려는 인간애를 말하는 것이며, 인도주의는 모든 인간은 동등한 자격을 갖추고 있다는 생각에서 인류의 공존을 꾀하고, 복지를 실현시키는 사상을 의미한다.

2. 사회진화론

사회진화론은 다윈의 『종의 기원』에서 파급된 이념으로 다윈의 자연과학적 개념이 사회과학적 요소에 가미되어 파생된 것이다. 사회의 계층화는 동 · 식물 생태계의 적자생존의 자연법칙과 마찬가지라는 것이다. 따라서 진화법칙에 의해 이른바 '사회적합계층'인 사회 주요 인물은 살아남고 그렇지 못한 사람은 '사회부적합계층'으로 자연 소멸된다는 것이다.

사회복지에서 이 개념을 수용한 것은 사회복지실천의 사회통제 측면에서 나타난다. 사회통제를 주 목적으로 한 실천은 자선조직협회의 봉사활동에서부터 두드러지게 나타난다. 자선조직협회의 우애방문원들은 그 당시 사회의 열등계층인 극빈자와 장애인을 방문하여 자신이 신봉하는 중산층의 기독교적 도덕을 강요하고 그에 맞추어 생활하도록 하였다. 그들 나름대로의 가치관이나 도덕성을 무시하였으며, 지금까지의 생활신념이나 가치관을 버리고 새로운 도덕 및 윤리를 따르도록 강요하였다. 그렇지 못할 경우 현 상태를 겨우 유지할 수 있을 정도의 도움만을 제공하는 것에 그쳤으며, 사회적합계층에 방해가 되지 않도록 하였다.

3. 민주주의

민주주의는 평등을 표방하는 이념으로, 사회진화론의 생존계층화와 달리 모든 인간의 평등함을 인정하면서 클라이언트도 평등한 대우를 받을 권리가 있음이 표방된다. 민주주의의 등장과 함께 클라이언트를 위한 무조건적 봉사정신이 약화되고 클라이언트의 자기결정권이라는 실천윤리에 영향을 주었다. 즉, 빈곤계층에도 나름대로의 가치관이 있고 이를 동등하게 인정해 주는 것에서 시작하는 인보관 운동의 이념으로 자리 잡았다. 특히 민주주의는 각 개인이 가능성을 최대한 실현하고 적극적인 사회참여를 통해 개인의 사회적 책임을 수행하는 사회복지실천의 가치에 영향을 주었다.

사회복지실천의 또 하나의 축인 사회변화의 노력도 민주주의에 그 이념적 기원을 가지고 있다. 사회진화론에 근거를 둔 사회통제의 측면에서는 빈곤이나 장애를 전적으로 클라이언트의 책임으로만 돌렸다면 사회변화의 측면에서는 사회의 책임으로 돌린다. 빈곤에 대한 책임은 이러한 권리를 보장해 주지 못한 사회에 있으며, 사회변화를 통해 이를 가능하게 해야 한다는 것이다. 이는 민주적 사회주의를 채택하는 결과를 낳았으며, 특히 스웨덴, 덴마크, 영국 등이 이 이념을 수용한 국가들이다.

4. 개인주의

개인주의와 함께 자유방임주의가 등장하였다. 이는 작은 정부를 표방하는 형태로 나타났으며, 이와 함께 경제뿐 아니라 사회복지마저도 자유시장에 맡기는 자유방임의 정책을 펴나가게 되었다. 이 사상은 사회복지실천에 영향을 미쳐 사회복지실천의 사상적 줄기에 한 획을 그었다.

개인주의 사상은 두 가지 형태로 나타나는데 하나는 개인권리의 존중이며, 다른 하나는 수혜자격의 축소이다. 개인의 권리와 의무가 강조되면서 빈곤의 문제도 다시 빈곤한 자의 책임으로 돌아갔다. 빈곤한 사회복지 수혜자는 빈곤하게 살 수밖에 없어야 한다는 '최소한의 수혜자격 원칙'을 낳았다.

5. 다양화

21세기를 맞이하면서 다양화 경향이 두드러졌다. 세계화의 영향으로 전 지구가 하나가 되는 과정에서 지구촌은 어디를 막론하고 다양성에 대한 수용이 높아졌다. 따라서 사회복지실천에서도 다양한 계층에 대한 수용, 다양한 문제 및 접근방식에 대한 용납, 그러면서도 독특성을 인정하는 개별화를 동시에 추진하는 실천의 방식을 따라야 할 것이다.

이에 권한부여(empowerment)에 대한 논의가 활발히 진행되고 있다. 사회복지실천모델의 새로운 형태로 소개되고 있는 권한부여모델은 클라이언트와의 협력을 통해서만 이루어질 수 있다. 이 모형은 기존 사회복지실천모델의 제공자

-수혜자의 관계 개념에서 제공자-소비자의 관계개념으로 기본 철학의 변화를 초래하였다.

6. 실증주의 및 경험주의 : 사회복지실천의 과학적 기반

사회복지실천 전문직의 발달로 사회복지의 관심은 점점 조사연구와 사회복지실천가의 사명을 규정하는 지식의 창조로 바뀌고 있다. 그러나 사회복지실천에 대한 과학적 접근과 전문적 지식기반의 발전에 전문성 발전에 기여를 했어도 사회복지실천이 과학을 수용해 온 방법에 대해 상당한 논쟁이 있어왔다.

실증주의는 형이상학적인 사변을 배격하고 관찰이나 실험 등으로 검증 가능한 지식만을 인정하는 인식론적 방법론으로 사회복지실천에서의 실증주의는 자선조직의 전성기인 19세기 후반에 처음 활용되었다. 또한 경험주의는 인식・지식의 근원을 오직 경험에서만 찾는 철학적 경향으로 실증주의는 경험주의의 분파로 볼 수 있다. 사회복지실천은 대부분의 역사에서 실증주의 전통을 따라왔으며, 사회복지 연구가 주로 사례연구, 단일사례 설계, 프로그램 평가, 사회조사 등의 형태를 띠게 되었다.

7. 미학 : 사회복지실천의 예술적 기반

사회복지실천의 또 다른 철학적 배경은 미학(aesthetics)이다. 사회복지실천은 예술적 요소 및 미학적 요소가 포함된 실천으로 인식되어 왔다. 이러한 인식은 사회복지실천의 초창기부터 이미 철학적 배경으로 자리 잡아 리치몬드는 『사회진단』에서 '예술로서 개별사회사업(casework as an art)'를 언급하였고, 사회복지실천과정이 예술적임을 강조하였다. 사회복지실천이 변화하는 인간상황의 양상을 특수하게 받아들이고 개인적이며 독특하고 다양한 시각으로 의미를 드러낸다는 점에서 예술적 작업과 유사하다고 인정되는 것이다.

학습 3 사회복지실천의 대상과 방법

필요 지식 | 사회복지실천의 대상과 방법

1. 사회복지실천의 대상

1) 개 인

개인의 문제를 전문성을 가진 한 개인이 일대일로 만나 개별적인 개입을 통해 문제를 해결하는 서비스 과정이 개별사회복지실천(case work)이다. 개인을 대상으로 하는 사회복지실천은 모든 사회복지현장에서 일어나게 되는데 사람이 있는 곳이면 어디나 사회복지실천현장이 된다.

개별 클라이언트를 대상으로 직접적인 개입이 이루어지는 사회복지실천의 특징은 다음과 같다(김혜란 외, 2006).

첫째, 개인대상의 사회복지실천은 1인의 클라이언트체계를 중심으로 개별 클라이언트가 갖는 문제에 초점을 두고 클라이언트와의 개별화된 원조과정을 진행하게 된다. 개인의 존엄성과 자기결정권이라는 사회복지실천의 기본 가치를 바탕으로 개별 클라이언트와의 협력적 문제해결 과정 속에서 클라이언트의 선택권을 중요시하며 개인의 개별적 욕구와 특성, 상황 등에 적합한 방법과 전략을 선택하게 된다.

둘째, 클라이언트의 문제를 해결하기 위해 클라이언트와 사회복지사 간의 전문적 관계를 도구로서 활용한다. 즉, 일대일 관계의 특성상 사회복지사와 클라이언트의 친밀도가 매우 높으며, 대인관계의 기술을 활용하여 클라이언트의 문제해결을 돕는다.

셋째, 개인의 적응과 변화를 위한 다양한 모델과 개입방법을 활용한다. 심리역동이론, 자아심리학, 행동주의 심리학 이외에도 사회학, 사회심리학, 정신치료 등 다양한 이론적 관련성을 가지고 있다. 따라서 이러한 이론을 적용시킨 다양한 실천모델(심리사회모델, 인지행동모델, 위기개입모델, 과제중심모델 등)을 활용하여 개인의 변화 또는 개인과 환경의 상호작용을 변화시키기 위해 노력한다.

2) 가 족

가족 내에서 어떤 문제가 발생할 경우에도 개인적인 개별사회복지실천과 마찬가지로 다른 가족과 친척, 친구나 이웃들의 도움으로 가지고 있는 문제를 해결하기 위한 서비스를 받게 된다. 이렇게 가족을 대상으로 하는 사회복지실천은 개인을 단위로 서비스하는 것보다 가족을 단위로 개입할 때 더 개입효과가 크다고 판단될 경우나 혹은 가족이 가진 문제를 해결하기 위해서는 가족 모두의 참여가 필요하다고 판단될 때 적용하는 접근 방법이다. 따라서 가족과의 실천에서는 다음과 같은 특징을 염두에 두어야 한다(Boyle et al., 2006; 이은희 외, 2015 재인용).

첫째, 사회복지사는 한 번에 여러 사람과 관계를 형성해야 한다. 이러한 관계형성의 과정은 시간이 걸리며 노력을 요한다. 전체 가족과 관계를 맺는 능력을 배우기는 어렵지만 엄청난 이득을 가져다준다. 그러기 위해서는 각 성원의 인식을 가치 있는 것으로 보아야 하며, 이는 각 성원의 말을 경청하고 이해함으로써 가능하다.

둘째, 사회복지사들은 가족으로부터 필요한 모든 자료를 수집하기 위해 광범위한 사정기술이 필요하다. 가족의 경우에는 가족 내 개인을 사정해야 할 뿐 아니라 가족 자체의 특성에 대해 사정해야 한다. 가족은 생애주기를 가지고 있으므로 각 주기의 단계에 따른 이슈들을 다루어야 한다.

셋째, 사회복지사들은 가족성원들의 의사소통 문제를 다룰 수 있어야 한다.

가족성원들 간은 의사소통할 수 있어야 지금 혹은 장래에 대두하는 문제를 해결할 수 있다.

넷째, 사회복지사는 중립성을 유지해야 한다. 사회복지사는 클라이언트인 가족성원들과 관계를 형성하면서 독특한 개인으로서 이들을 알아가게 된다. 그러나 여러 명의 가족성원과 함께 있을 때 사회복지사는 그들 모두와 관계를 형성해야 하는데, 이때 한 사람의 편에서 이야기를 듣거나 지지하지 않도록 유의해야 한다.

3) 집 단

집난을 대상으로 하는 사회복지실천은 집단에서 가지고 있는 문제를 해결하기 위한 서비스 과정으로, 이는 집단 구성원들에 의해서 이루어진 문제들을 해결하기 위한 서비스 과정이다. 여기서 집단이란 2명 이상의 사람이 모여 형성된 것으로 목적을 가지고 형성된 조직이다.

사회복지실천의 많은 부분은 집단과 관련하여 일어난다. 집단은 그 자체가 개입의 목적이든 아니면 개별상담이나 가족과의 실천 혹은 다른 치료와 함께 이루어지든 간에 강력한 기제이다. 따라서 사회복지사는 집단에 대한 지식과 기술을 반드시 익혀야 한다. 집단에 대한 사회복지실천은 목표지향적이며 그 초점은 크게 두 가지로 다음과 같다(이은희 외, 2015). 첫째, 사회기술이나 교육 및 치료를 제공하여 성원들의 사회정서적 복지를 증진시킴으로써 개개인이 변화하도록 돕는 것이다. 둘째, 변화의 단위로서 집단 전체에 초점을 두거나 환경에 영향을 미치는 요소로서 집단에 초점을 두는 경우로 과업집단이 여기에 속한다.

사회복지사들은 클라이언트에 대한 직접적 활동뿐 아니라 클라이언트에 대한 정보를 수집하고 개입계획을 세우기 위해 집단을 활용하기도 하고, 사례회의, 직원회의, 직원연수, 슈퍼비전 등에도 집단을 활용한다.

4) 지역사회

지역사회를 대상으로 하는 사회복지실천은 지역사회를 하나의 사회복지실천의 대상으로 선정하여 지역사회 주민이나 지역의 문제를 해결하기 위한 서비스 과정이다. 이러한 사회복지실천은 지역사회를 하나의 대상으로 하고 그 지역에서 가지고 있는 공동의 욕구나 문제를 지역사회가 자조적으로 해결할 수 있도록 돕는 과정이다.

지역사회복지실천은 지역에 속한 주민들이 자신들의 사회적 기능 향상을 위해 필요한 의식개혁, 환경개선, 지역사회 조직화 등을 자발적·주체적·협력적으로 해나갈 수 있도록 사회복지사가 안내자, 조력자, 조정자, 운동가, 전문가 등의 역할을 수행하는 것을 말한다. 이러한 활동을 수행하기 위해 사회복지사는 지역사회 주민들의 성향과 문화에 대한 파악, 지역사회 문제 및 욕구의 파악, 지역사회 주민의 욕구 충족에 필요한 자원들의 확인 및 발굴, 지역사회 주민의 조직화, 지역사회 자원의 조직화와 조정, 필요한 경우 지역사회 자원 개발 등의 활동을 한다(이은희 외, 2015).

2. 사회복지실천방법

1) 전통적 사회복지실천방법

① 개별사회사업(CW : Case Work) : 대상은 주로 개인
② 집단사회사업(GW : Group Work) : 대상은 가족이나 집단
③ 지역사회조직(CO : Community Organization) : 대상은 지역사회

2) 통합적 방법론

① 사회치료(social treatment)

② 사회복지실천(social work practice)

③ 임상사회사업(clinical social work)

④ 사례관리(case management)

02 Chapter

사회복지실천의 역사

학습 1 서구 사회복지실천의 역사적 발달과정

학습 2 한국 사회복지실천의 역사적 발달과정

제2장 사회복지실천의 역사

능력단위 명칭 : 사회복지실천 역사의 이해

능력단위 정의 : 사회복지실천의 역사적 발달과정에 대해 이해하고 설명할 수 있다.

■ 능력단위 요소 및 수행준거

능력단위 요소	수행준거
서구 사회복지실천의 역사적 발달과정에 대해 설명하기	1.1 서구 사회복지실천이 역사적 발달과정에 관해 설명할 수 있다.
한국 사회복지실천의 역사적 발달과정에 대해 설명하기	2.1 한국 사회복지실천의 역사적 발달과정에 관해 설명할 수 있다.

■ 선수 학습

인간과 사회환경에 대한 심리사회이론, 생태체계이론, 사회복지개론

■ 핵심 용어

사회복지실천, 역사, 발달과정

■ 수행 학습 필요 사항

자료 및 관련 서류

- 사회복지실천 관련 문헌

장비 및 도구

- 컴퓨터
- 화이트보드
- 빔프로젝트
- 모둠학습테이블

학습 1 서구 사회복지실천의 역사적 발달과정

필요 지식 | 서구 사회복지실천의 역사적 발달과정

사회복지전문직의 출발은 영국의 산업혁명으로 인해 사회구조가 급격하게 변동하던 때부터이다. 봉건사회의 붕괴와 새로운 자본주의의 도래는 여러 가지 사회문제를 야기했고, 공적 사회복지제도로만 대응하기 역부족이었다. 이러한 시기에 민간주도의 활동이 전개되기 시작하였고, 마침내 하나의 전문직으로 자리 잡게 된다. 영국에서 출발한 사회복지실천활동은 미국으로 전파되어 더욱 발전하게 되었다.

여기서 살펴보는 서구 사회의 사회복지실천 발달과정은 영국과 미국을 중심으로 살펴보겠다. 사회복지전문직이 태동한 배경에서 출발하여 각 시대별로 사회변화에 따른 전문직의 발전과 사회복지 실천 이론의 발달을 중심으로 살펴보겠다(김혜영 외, 2015).

1. 19세기 말~1900년

18세기 후반부터 19세기에 걸쳐 본격화된 산업혁명은 사회적 대변혁을 초래하였다. 초기 산업사회는 비위생적 공장, 열악한 노동조건, 슬럼가 형성 등으로 질병, 빈곤, 범죄 등 새로운 사회문제가 대량으로 발생하였다. 엘리자베스 구빈법에 의한 공적 구빈사업만으로 수많은 사회문제를 다루는 것을 불가능한 일이었다. 이처럼 사회 전반에 걸친 대변혁은 민간 차원의 사회복지실천활동을 촉진시키는 계기가 되었다.

19세기 말부터 사회복지실천의 기원이라 할 수 있는 두 가지 흐름, 즉 과학적 자선사업과 사회개혁운동이 시작되었다. 자선조직협회와 인보관 운동의 태동 및 사회복지실천의 발달과정에 미친 영향은 다음과 같다.

1) 자선조직협회

19세기부터 대도시를 중심으로 민간자선단체들이 산발적으로 출현하였으나 단체들 간의 조정과 상호협력이 부족하여 비체계적이었다. 자선조직화 운동은 전국에 산재되어 있던 자선단체들 간의 연계와 조정을 통하여 보다 체계적이고 과학적인 자선활동을 전개하고자 등장하였다.

자선조직화 운동을 전개하였던 최초의 자선조직협회(COS : The Charity Organization Society)는 1869년 영국 런던에 창설되었다. 미국은 영국의 자선조직화 운동에 영향을 받아 1877년 버펄로에 자선조직협회를 창립하였다.

이 협회는 빈곤자에 대한 무분별한 구제를 방지하고 공정한 서비스를 하는 것이 목적이었다. 이를 위해 구호신청자들의 가정을 방문하여 적합한 수혜자를 선정하고, 지속적인 감독과 충고를 통해 수혜대상자 가정이 독립적으로 생계를 꾸려갈 수 있도록 하였다. 자선조직협회에서 활동하는 자원봉사자 조직을 우애방문자[1](friendly visitors)라고 불렀다.

자선조직협회는 빈곤의 책임이 개인에게 있다고 보았기 때문에 최소한의 원조를 제공하고자 하였다. 우애방문자들의 활동이 빈곤계층에 대해 중산층의 가치관을 주입시키려는 사회통제적 성격이 있었음에도 불구하고 사회복지실천방법론의 발전에 상당한 기여를 하였다. 우애방문자의 가정방문, 면담, 기록, 분석 등의 활동은 사회복지실천방법론 중 개별사회사업의 기초가 되었다.

---

1) 우애방문자는 주로 기독교 사상을 지닌 중산층 이상의 부인들로서 협회의 위원회에서 구호하기로 결정된 빈곤가정 사례를 할당받았다. 이들은 해당 가정을 방문하여 가정생활, 아동교육, 가계경제 등에 대해 조언하고 지도하였다.

2) 인보관 운동

인보관 운동은 사회개혁운동으로서 빈곤지역의 중심지에서 빈민과 함께 생활하면서 지역사회 환경과 생활 개선을 목표로 시작되었다. 최초의 인보관은 1884년 런던에 설립된 토인비홀(Toynbee Hall)이다. 설립자인 바네트 목사는 기독교 사회주의의 영향을 받아 사회계층 간의 격차를 줄이고, 물질주의로부터 인간의 가치를 회복하고자 하였다. 영국의 인보관 운동은 케임브리지 및 옥스퍼드 대학의 교수와 학생들이 참여하여 지역사회 문제를 직접 확인하면서 활동을 전개하였다.

미국에서는 1885년 제인 애덤스(Jane Adams)가 토인비홀을 모델로 시카고에 헐 하우스(Hull House)를 설립하였고, 그 후 미국의 큰 도시들에 인보관이 많이 생겨났다. 초기 인보관에서 활동했던 사람들은 주로 중류 또는 상류 계층이었지만 빈민가에 들어가 가난한 사람들과 함께 생활하면서 그들의 생활 환경을 개선하고자 노력하였다. 빈곤문제가 단순히 경제적인 어려움에 국한하는 것이 아니라는 인식을 가지고 빈민들의 정신적 · 문화적 측면을 개선시키고자 하였다. 이 과정에서 도입된 방법이 집단사회사업(social group work)이다. 또한 지역사회문제를 해결하기 위해 정책과 법률 제정에 영향을 미칠 수 있는 조직적인 활동을 시도함으로써 지역사회조직방법론의 발전에 기여할 수 있었다.

2. 1900~1920년대

자선조직협회 회원들은 자신들의 일을 전문직으로 만들고자 하는 열망을 갖기 시작하였다. 시대적으로도 다양한 사회문제를 해결하기 위해 새로운 전문직이 필요한 때였다.

1) 전문적 교육과 훈련

사회복지실천의 전문적 교육은 1898년 뉴욕자선조직협회의 후원하에 공식적으로 시작되었다. 최초의 교육은 '여름자선학교(Summer School of Philanthropy)'로 불리는 6주간의 프로그램이었다. 이것은 1904년에 들어와 '뉴욕 자선학교'로 명칭이 변경되고 1년 정규과정으로 확대되어 진행되다가 1910년에는 2년의 정규교육 프로그램으로 채택되었다. 2년 정규과정 교육을 위해 1919년까지 17개의 전문사회복지학교가 설립되었고, 그중 12개가 대학 내에 설립되면서 전문적인 교육훈련체계가 마련되었다.

2) 전문적 실천활동

1905년 의사인 카보트(Richard C. Cabot)에 의해 매사추세츠 종합병원에 의료사회사업이 처음 만들어졌다. 1906년 같은 병원의 퍼트넘(James Putnam)은 정신의료 부서에서 활동할 사회복지사를 채용하였는데, 이는 오늘날의 정신보건사회복지사의 전신이라고 할 수 있다. 이 무렵 공립학교는 학교와 학생들의 사회환경 간의 연계를 만들어주기 위해 사회복지사를 활용하기 시작하였고, 1913년 교육위원회는 학교사회복지사를 공적으로 승인하였다. 그 밖에 아동복지, 교정사회복지 분야 등에서 사회복지사의 실천 활동이 활발하게 전개되었다.

3) 전문지식의 이론화

개별사회사업을 체계화하는 데 기여한 가장 대표적인 이론서는 리치몬드(Mary Richmond)의 『사회진단(1917)』이다. 1900년에 필라델피아 자선조직협회의 총 책임자가 된 리치몬드는 저서에서 그간 우애방문자들의 활동내용 및 실천과정을 종합하였다. 리치몬드는 『개별사회사업이란 무엇인가?(1922)』라는 저서에서 개별사회사업이란 개인과 개인, 개인과 환경 간의 적절한 조화와 조정을 통해 인격의 발달 및 성장을 가져오게 하는 과정이라고 정의함으로써 '환경 속의 인간(person in environment)'의 개념을 고려하였다.

4) 사회복지전문직에 대한 도전

자선조직협회에 근간을 두거나 치료중심 기관과 관련이 있는 인물들은 사회복지전문직이 개인 역할 수행 시 발생하는 문제와 관련된 실천 지식 발전에 초점을 두어야 한다고 믿은 반면, 인보관 운동을 주도한 인물들은 전문직의 초점이 사회문제의 원인을 환경적 요인에서 찾아내고, 사회복지사는 사회 및 경제이론에 기초하여 사회개혁을 목적으로 하는 선분직이어야 한다고 주장하였다.

이와 같은 논란에도 불구하고 1915년경 사회복지사들은 새로운 힘을 가진 전문직으로서의 자신감을 갖기 시작하였다. 그러나 전문직 내부의 고양된 분위기에 강한 도전을 받게 되는 사건이 발생하였다. 1915년 의학교육의 비평가인 플렉스너(Abraham Flexner)가 전국 자선교정회의 위원회에서 「사회복지실천이 전문직인가?」라는 보고서를 제출하였다. 이 보고서에서 사회복지실천이 전문직의 일반적 특성을 가지고 있긴 하지만 사회복지의 경계와 목적이 지나치게 광범위하고 독특한 기술, 전문적 교육 프로그램, 전문적인 문헌, 실무기술이 결여되어 있기 때문에 아직은 전문직이 아니라고 주장하였다.

이 보고서 이후 몇 년간 사회복지사들은 지적받았던 사항을 개선하려고 노력하였다. 전문학교의 수가 급속히 증가하였고, 교과과정을 표준화하는 시도를 하였으며, 전문직 단체가 공식화되었다.

3. 1921~1950년

1) 진단주의와 기능주의

진단주의 접근은 프로이트의 정신분석적 사고에 영향을 받아 과거 어린 시절에 대한 분석을 통한 진단을 중시한다. 진단주의 접근법의 주요 이론가인 해밀튼(Golden Hamilton)은 진단은 "문제를 가진 사람뿐 아니라 문제 자체를 이해하기 위해 가정하는 것"으로 정의하였다. 진단주의적 접근에서는 조사, 진단, 치료 단계를 개념화하고, 사회복지사와 클라이언트 간의 치료적 관계를 중요시하였다. 이 접근은 이후 사회복지실천 이론의 발달에 상당한 영향을 미쳤고, 홀리스(Florence Hollis, 1972)에 의해 더욱 발전되었다.

이 시기에 개별사회사업 내에서 진단주의와는 또 다른 접근법인 기능주의가 발전하고 있었다. 랭크(Rank)의 연구에 기반을 두고 있는 기능주의 접근법은 클라이언트를 질병이 있거나 일탈한 자로 간주하기보다 특별한 서비스가 필요한 사람들이라고 보았다. 과거중심적인 분석과 해석보다는 '여기－지금(here and now)'의 상황에 초점을 두었다. 인간은 과거에 얽매이는 존재가 아니라 스스로 선택할 수 있는 의지와 성장에 대한 잠재적 힘이 있다고 믿었다. 따라서 클라이언트는 기관이 제공할 수 있는 기능의 한도 내에서 스스로 선택하고, 자신의 성장을 위한 과제를 수행하면서 현재 그에게 시급한 문제해결 과정에 참여할 수 있다.

2) 집단사회사업의 발전

인보관에서 실천하였던 집단사회사업은 점점 발전하여 1930년대 들어와서 사회복지실천방법론 중 하나로 인정받게 되었다.

3) 지역사회조직의 발전

미국에서는 1920년부터 주 단위 공적 복지기관이 설치되면서 지역사회조직 사업은 새로운 국면으로 접어들었다. 1929년 세계 경제대공황은 지금까지의 민간사회사업의 한계점을 깨닫게 해주었다. 대공황에 대응하기 위한 루스벨트 대통령의 뉴딜정책은 공공영역에서 사회복지사를 대거 고용하는 계기가 되었다. 지역사회조직은 1944년에 9기 사회사업 필수교과목 중 하나로 포함되었다.

4. 1950~1960년

1950년대는 사회복지실천의 이론적인 면에서나 전문직 활동의 측면에서 통합을 추구한 시기이다. 펄만(Perlman)은 1957년 『개별사회사업 : 문제해결과정』이라는 저서에서 기본적으로 진단주의적 입장을 취하면서 기능주의의 견해를 수용하여 절충주의적 방식을 제시함으로써 진단-기능의 논쟁에 종지부를 찍게 된다. 이 시기에 이론적 측면은 기존 접근법의 통합을 모색하는 경향과 전통적인 3대 사회복지실천방법론의 공통기반을 새롭게 모색하고자 하는 경향으로 나타났다. 전문직 단체 역시 실천분야나 방법론에 따라 각기 다른 7개의 전문협회로 분리되어 있다가 하나의 단체로 통합하였다.

5. 1961~1990년

1) 전통적 방법론의 발전

1960년대는 개별사회사업의 진단주의적 접근(심리사회적 모델)과 기능주의적 접근이 확장되고 발전하여 정교한 이론체계를 갖추어 나가게 되었다. 또한 집단사회사업과 지역사회조직 실천이론이 꾸준히 개발되었고, 개별사회사업, 집단사회사업, 지역사회조직에서의 이론적 공통점을 발견하게 되었다. 즉, 문제해결 과정이라는 개념이 세 가지 전통적 방법에 모두 사용되고 있는 것으로 나타났다.

2) 통합방법론의 정착

1970년대에는 사회체계이론이 사회복지실천의 중요한 지식으로 급속하게 적용되었다. '환경 속의 인간(person in environment)'과 클라이언트-사회복지사의 상호작용 개념이 확장되었다. 이 시기에 통합방법론의 모델들이 활발하게 등장하였는데, 핀커스와 미나한(Pincus & Minahan, 1973)의 '4체계 모델', 골드스타인(Goldstein, 1973)의 '단일화모델', 콤튼과 갤러웨이(Compton & Galaway, 1975)의 '문제해결 과정 모델', 저메인과 기터만(Germain & Gitterman, 1970)의 '생활모델' 등이다.

3) 새로운 접근방법의 개발

클라이언트 집단이 다양해지고, 새로운 문제가 발생됨에 따라 보다 구체적인 초점을 가진 접근이 필요해졌다. 따라서 1970년대에 들어와서는 행동주의모델, 위기개입모델, 과제중심모델 등 새로운 사회복지실천의 이론들이 나타나기 시작하였다.

6. 1990년대~현재

1990년대의 사회복지 분야는 복지예산 삭감 및 사회복지서비스 축소에 대한 압력, 사회복지서비스의 민영화 등 보수주의적 분위기에 영향을 받아왔다. 민간영역에서는 매니지드 케어(managed care)가 보건, 정신보건, 약물남용치료에 적용되었다. 매니지드 케어의 목적은 비용을 통제하고 서비스의 질을 보장한다는 것이지만 실제로는 비용통제가 관심사로 보인다. 이러한 정책변화로 인해 사회복지사는 더 적은 자원으로 일해야 하는 압력을 받고 있다.

학습 2 한국 사회복지실천의 역사적 발달과정

필요 지식 | 한국 사회복지실천의 역사적 발달과정

한국 사회복지실천의 역사는 길지 않으며, 사회복지실천의 확대가 비교적 최근에 이루어졌기 때문에 연대기별로 정리하기에는 다소 어려움이 있다. 여기서는 사회복지실천현장, 교육, 단체, 사회복지 관련 법률을 중심으로 역사를 살펴보기로 하겠다(김혜영 외, 2015).

1. 사회복지실천현장

우리나라에서 전문직으로서의 사회복지실천활동은 미국 선교사들에 의해 시작되었다. 1921년 감리교 선교사들에 의해 설립된 태화사회관은 한국에 설립된 최초의 인보관으로 지역사회의 환경을 개선하기 위한 사회계몽적 활동을 전개하였다.

해방 이후 미군 병원 및 세브란스 병원 등에서 사회복지사를 고용하였고, 1959년에 국립의료원에서 의료사회사업이 시작되었다. 이들의 실천과정은 미국의 1940년대 사회복지실천과정을 답습한 형태로 주로 개인심리치료와 가족상담에 치중하였다.

1950년대부터 1960년대 초반에 이르는 기간은 한국전쟁의 영향으로 사회경제적 상황이 매우 피폐하였다. 이 시기 사회복지서비스 성격은 자선적 · 구호적 · 사회대책적이었고 주로 민간주도의 자발적이고 비전문적 차원에서 행해졌다. 이 시기에는 사회복지 기관이나 시설의 운영이 민간인이나 종교단체 외원단체에 의해 이루어졌다. 몇몇 외원기관은 사회복지교육을 받은 전문인력을 고용함으로써 사회복지의 전문성에 대한 인식을 강화시키기도 하였다.

1980년대부터 시설수용보호 서비스에서 탈피함 지역사회 중심의 사회복지 실천이 관심을 끌었다. 1983년 개정된 사회복지사업법은 사회복지관의 설립 및 운영을 지원하는 근거가 되었고, 1989년에는 '사회복지관 설치 운영 규정'이 제정되었다. 이후 시・도 단위의 지역사회종합복지관이 설립되기 시작하여 2017년 현재 전국적으로 464개의 복지관[2])이 운영 중이다. 지역사회종합복지관 외에도 노인종합복지관, 장애인복지관 등 분야별 전문 복지관이 전국적으로 설치되어 운영 중이며, 이 외에도 지역아동센터, 다문화가족지원센터 등 다양한 클라이언트와 취약계층을 위한 사회복지실천이 확대되고 있다.

2. 사회복지전문교육

한국의 정식 사회복지 교육기관은 1947년 이화여자대학교 기독교학과 내 사회사업 전공이 설치되면서부터 출발하였다. 다음으로 1953년 중앙신학교(현, 강남대학교)에 사회사업학과가 뒤를 이었다. 1958년에는 서울대학교 대학원과 학부 과정에 사회사업학과가 설치되었다. 사회복지입법에 선행하여 사회복지전문인력이 배출되게 되었는데 이는 매우 드문 현상이며, 큰 특징이라 할 수 있다. 사회복지교육은 2년제, 4년제 대학, 대학원 사회복지학과뿐 아니라 사이버대학, 평생교육원 사회복지 교육과정 등을 통해 현재 급격하게 팽창되고 있다.

3. 사회복지전문직 단체

1965년 한국 최초의 사회사업전문직 단체가 결성되었는데, 당시 병원이나 외원기관에서 일하고 있던 개별사회사업가들을 중심으로 '한국 Caseworker 협회'(1965)가 발족되었다. 1967년에는 모든 분야의 사회사업가를 회원으로 포함

---

2) 한국사회복지관협회(www.kaswc.or.kr)

시킨 '한국사회사업가협회'가 탄생하게 되었다. 이 협회는 1982년 한국사회복지사협회로 명칭을 바꾸고, 같은 해 협회 총회에서 한국사회복지사 윤리강령을 통과시킴에 따라 전문직으로서의 명분을 갖추게 되었다.

한국사회복지사협회는 17개의 지방협회와 산하전문단체로 대한의료사회복지사협회, 한국학교사회복지사협회, 한국정신건강사회복지사협회(구, 한국정신보건사회복지사협회) 조직을 구성하고 있다.

4. 사회복지법제 및 전문인력

1970년에 제정된 사회복지사업법은 사회복지법인, 시설, 인력 등에 관한 사항을 규정함으로써 민간 사회복지서비스 분야와 더불어 정부가 주관하는 공적 사회복지제도의 기틀을 마련하게 되었다. 1983년 5월 사회복지사업법의 개정에 따라 그간의 '사회복지사업종사자'에서 '사회복지사'로 법적 명칭이 변경되었다.

1987년부터 공공영역에서 생활보호사업을 담당하는 '사회복지전문요원'을 전국 읍·면·동사무소에 배치하여 사회복지전달체계를 확립하고자 하였다. 1999년부터 사회복지전문요원은 별정직에서 사회복지직으로 전환되었고, 사회복지전담공무원으로 명칭이 변경되었다.

1997년 사회복지사업법, 1998년 사회복지사업법 시행령과 사회복지사업법 시행규칙이 개정됨에 따라 1급 사회복지사는 국가시험에 합격해야 자격을 취득할 수 있게 되었다. 그러나 사회복지사 2급은 국가시험 없이 일정한 요건만 갖추면 된다. 1997년에는 정신보건법이 시행됨에 따라 정신장애인의 치료 및 재활, 지역사회 복귀를 위해 '정신보건사회복지사'가 중추적 역할을 담당하게 되었고, 2017년 법률 개정으로 인하여 '정신건강사회복지사'로 명칭이 변경되었다.

2019년 사회복지사업법 시행규칙 개정으로 인하여 사회복지사 자격 취득을 위한 교과목(17과목), 학점(51학점) 및 현장실습(160시간) 기준이 강화되었다(2020.1.1 시행).

03

Chapter

사회복지실천의 가치와 윤리

학습 1 사회복지전문직의 가치 이해하기

학습 2 사회복지전문직의 윤리를 이해하고 설명하기

제3장 사회복지실천의 가치와 윤리

능력단위 명칭 : 사회복지실천의 가치와 윤리 이해

능력단위 정의 : 사회복지전문직의 가치와 윤리에 대해 이해하고, 설명할 수 있다.

■ 능력단위 요소 및 수행준거

능력단위 요소	수행준거
사회복지전문직의 가치 이해하기	1.1 사회복지전문직의 가치에 대해 이해하고, 설명할 수 있다.
사회복지전문직의 윤리를 이해하고 설명하기	2.1 사회복지전문직의 윤리강령을 이해하고 설명할 수 있다. 2.2 사회복지실천에서 윤리적 딜레마를 이해하고, 윤리적 의사결정을 수행할 수 있다.

■ 선수 학습

인간과 사회환경에 대한 심리사회이론, 생태체계이론, 생애발달이론, 사회복지개론

■ 핵심 용어

사회복지실천, 가치, 윤리, 윤리강령, 윤리적 딜레마

■ 수행 학습 필요 사항

자료 및 관련 서류

- 사회복지실천 관련 문헌

장비 및 도구

- 컴퓨터
- 화이트보드
- 빔프로젝트
- 모둠학습테이블

학습 1 사회복지전문직의 가치 이해하기

필요 지식 | 사회복지전문직의 가치

가치(value)가 사상과 달리 객관적으로 증명할 수 없고 주관적으로 선호하는 것으로 인간이 올바른 행동을 선택하는 데 있어서 지침이나 기준이라면, 윤리(ethics)는 가치에서 비롯되나 무엇이 옳고 그른가를 판단하여 주는 도덕적 지침이 된다. 그러므로 사회복지실천에서 가치를 중요하게 다루는 것은 사회복지전문가나 사회복지사의 가치에서 윤리적 원칙들이 정해지기 때문이다.

가치와 윤리의 차이점은 가치는 무엇이 좋고 싫은가를 다루고, 윤리는 무엇이 옳고 그른가를 다루는 데 있다. 여기서는 가치의 개념과 사회복지실천의 중심가치에 관해 살펴보겠다.

1. 사회복지실천과 가치

1) 가치의 개념

가치란 사람들이 중요시하는(바람직하다고 생각하는) 삶의 방식이나 기준, 신념을 말한다. 가치는 믿음과 같은 것으로 좋고 바람직한 것에 대한 지침이며 적합한 행동의 선택에 대한 지침이다. 가치는 곧 지식 및 기술과 함께 사회복지실천의 3대 중심축의 하나로 이는 윤리와 구분되며, 가치가 믿음이라면 윤리는 판단이다(박귀영 외, 2015).

가치는 사회복지실천에서 매우 중요하다. 브라운(Brown, 1968)은 "철학을 제외하면 사회복지전문직만큼 가치의 문제에 깊이 관심을 갖는 전문직은 아마도 없을 것이다"라고 하였으며, 골드스타인(Goldstein, 1973)은 사회복지사들을 일컬어 "가치에 둘러싸인 사람들"이라고 하였듯이 사회복지실천에서 가치는 매우 중요하다. 바틀렛(Bartlett, 1970)은 사회복지실천에서의 본질적 3대 요소인 가치, 지식, 기법 중 가치적 요소를 중시했다. 사회복지전문직은 어떠한 지식이나 개입방법만으로는 충족될 수 없으며 뚜렷한 가치나 신념이 선행되어야 함을 시사하고 있다. 전문직 속성에서 가치를 전체로 삼은 윤리강령을 중시함도 이에 연유한다고 보겠다(이은희 외, 2015).

2) 가치의 유형

(1) 가치의 수준에 따른 분류

가치는 수준 또는 그 중요도에 따라서 다음과 같이 궁극적 가치, 유사 가치 그리고 도구적 가치의 세 가지로 분류된다(Johnson & Yanca, 2004, 김혜영 외, 2015 재인용).

① 궁극적 가치(ultimate values)

가장 추상적이고 대다수의 사람이 가장 쉽게 동의하는 가치이다. 궁극적 가치에는 자유, 가치, 인간 존엄, 진보, 정의 등이 속한다.

② 유사 가치(proximate values)

보다 바람직한 특정의 목적 상태를 의미하며, 사람에 따라 찬반이 나뉘어 불일치되는 경향이 있다. 유사 가치에는 낙태에 대한 권리, 아동 훈육 권리 등이 속한다.

③ 도구적 가치(instrumental values)

목적에 대한 바람직한 수단에 대한 것으로 일종의 행동방식이다. 도구적 가치에는 자기결정권과 비밀보장이 있으며, 개인의 권리와 존엄을 조작화한 수단적 가치이다.

(2) 가치의 주체에 따른 분류

가치는 또한 누가 갖느냐에 따라 구분이 되는데 가치의 주체는 크게 개인적 가치, 집단가치, 사회적 가치, 전문적 가치 등으로 나뉜다. 각 가치에 대한 내용은 다음과 같다(김혜영 외, 2015; 서미경 외, 2015).

① 개인적 가치

개인적 가치란 개인적으로 선호하는 것으로서 한 사람에게는 중요하지만 다른 사람에게는 중요하지 않을 수 있는 가치이다. 이 가치는 추상적인 원칙이 아니라 실제적인 수준에서 다른 사람과의 관계를 비롯한 자신의 다양한 자원과 행동들을 통합하고 조직하는 기능을 수행한다.

② 집단가치

사회의 하위집단이 가지고 있는 가치로 종교집단의 가치 또는 소수민족집단의 가치, 지역사회의 가치도 이에 해당한다.

③ 사회적 가치

사회적 가치란 전체 사회체계 혹은 적어도 그 사회의 지도층 내지는 대표집단에 의해 인정되는 가치이다. 이 가치는 개인의 가치에 영향을 줄 뿐 아니라 전문가들의 윤리적 행동을 위한 지침을 제공한다. 앞서 살펴보았듯이 우리 사회에서 중요시되는 사회적 가치에는 '타인에 대한 배려', '기회균등 및 공정성의 확보', '개인의 자유와 권리의 존중', '개인의 개성 및 다양성의 존중', '공동체를 위한 희생과 봉사' 등이 있다. 이러한 사회적 가치들은 그 자체로 모두 좋고 바람직한 측면이 있지만, 어떤 경우에는 이 가치들 중에서 어떤 특정 가치를 선택하거나 우선적으로 고려해야 할 때 가치갈등이 발생할 수 있다.

④ 전문적 가치

사회복지사와 같이 전문가 집단이 선언한 고유한 가치들이다. 예를 들어, 사회복지전문직 가치체계는 본질적으로 개인과 집단의 목적을 성취하도록 돕는 민주적 윤리가 반영되어 있다. 즉, 다양한 개인과 집단을 존중하는 동시에 상호부조와 사회적 지지를 통하여 그들로 하여금 잠재력을 최대한 발휘하도록 돕고자 하는 것이다.

3) 사회복지실천의 가치

(1) 사회복지에서 가치의 역할

사회복지에서 가치가 어떤 역할을 하는지에 대해서는 다음과 같이 설명된다 (고미영 외 공역, 2007).

첫째, 가치는 사회복지전문직의 사명과 본질을 분명하게 해준다. 사회복지의 목적과 사명은 삶의 어려움을 겪고 있는 사람들을 돕겠다는 오랜 신념에 기초하고 있다. 사회복지는 단순히 기술이 아니라 정교한 개입방법을 통해 취약한 사람들을 돕고자 하는 가치 지향의 활동이다. 이 가치는 단지 사회의 주요 가치만을 반영하는 것이 아니며, 오히려 사회가 사회복지전문직의 역할로 기대하는 집단적 책임감을 표준화하여 반영한 것이다.

둘째, 가치는 사회복지사가 그의 클라이언트, 동료, 그리고 사회 구성원들과 맺는 관계에 영향을 미친다. 사회복지사들은 현장에서 함께 일하고 싶은 사람을 선택할 수 있다. 예를 들어, 어떤 사회복지사는 학대받는 아동이나 중증장애인과 같이 희생자라고 생각되는 클라이언트를 위해 헌신한다. 또 어떤 사회복지사는 저소득층 클라이언트를 선택하는 반면, 다른 사회복지사는 부유한 클라이언트들과 일하기를 선호한다. 이러한 선택은 부분적으로 사회복지사가 가지고 있는 가치에 영향을 받는다.

셋째, 가치는 사회복지사가 활용하는 개입방법을 결정할 때 영향을 미친다. 예를 들어, 어떤 사회복지사가 범죄를 저지른 청소년을 대할 때 그의 행동을 변화시키는 데 직면기법이 가장 효과적이라고 믿을 경우 그 기법을 선호한다. 그러나 같은 대상을 다루는 경우라도 어떤 사회복지사는 직면기법이 인간성을 훼손시킨다고 생각하여 이를 비판하고, 대신 자신의 가치에 따라 클라이언트의 자기결정과 치료적 관계 수립을 중요시하는 상담 형식을 선호한다.

넷째, 가치는 사회복지실천에서 발생한 윤리적 딜레마를 해결하는 데 도움을 준다. 즉, 가치는 사회복지 전문직의 의무들이 상충하며 윤리적 딜레마가 생길 때 이를 해결하는 열쇠가 된다. 예를 들어, 어떤 아동이 부주의한 사고로 크게 다쳤음에도 그의 부모가 해당 관청에 신고하길 원치 않는 경우, 이때 사회복지사는 클라이언트의 자기결정권을 존중하는 가치와 아동학대 사건을 보고하도록 명령하는 법 규정을 따라야 하는 가치 사이에서 갈등하게 된다. 이런 윤리적 딜레마에 직면하는 경우, 사회복지사들은 궁극적으로 사회복지 가치의 본질에 대한 믿음과 전문직업적 의무와 책임에 따라 두 가지 상충된 가치 중에서 어느 한 가치를 선택하게 된다.

(2) 모리스와 쉐퍼(Moris & Sheafor)의 사회복지전문직 가치 범위

모리스와 쉐퍼는 레비(Levi)가 설명한 가치 범위를 활용하여 사회복지전문직의 세 가지 가치범주를 더 명료화하였다(Johnson & Yanca, 2007, 김혜영 외, 2015 재인용).

① 인간에 대해 선호하는 생각(사람 우선의 가치)

- 사회복지사는 인간의 타고난 가치와 존엄을 믿는다.
- 모든 인간은 변화를 향항 동기와 능력을 선천적으로 가지고 있다.
- 모든 인간은 사회 및 인류와 자신에 대한 책임감을 가진다.
- 인간은 소속의 욕구가 있다.
- 모든 인간은 공통된 욕구를 갖지만 각 개인은 독특한 존재이다.

② 인간에 대한 선호하는 결과(결과 우선의 가치)

- 서비스의 결과로 각 개인은 잠재력을 실현할 수 있도록 성장과 개발을 위한 기회를 제공받아야 한다.
- 사회는 인간이 그들의 욕구를 충족하는 데 필요한 자원과 서비스를 제공해야 하며, 기아문제, 부적절한 교육, 치료받지 못하는 질병, 부적절한 주거상태 등의 문제를 해결하는 데 필요한 자원과 서비스를 제공해야 한다.

③ 인간을 다루는 선호하는 수단(수단 우선의 가치)

- 서비스 수행수단이나 방법이 인간의 존경과 존엄성이 인정되도록 활용되어야 한다.
- 서비스의 수단과 도구가 인간이 자신의 삶의 방향을 결정할 수 있도록 최대한의 기회를 갖도록 해야 한다.
- 인간을 독특한 성격과 삶의 경험을 가진 독특한 존재로 다루어야 한다.

(3) NASW의 사회복지전문직의 핵심가치

NASW(전미사회복지사협회)의 윤리강령에는 사회복지사가 추구하는 핵심가치가 잘 드러나 있는데, 그것은 다음의 여섯 가지 가치이다(양옥경 외, 2004).

① 사람들에 대한 서비스
② 사회정의
③ 개인의 존엄성 및 가치
④ 인간관계의 중요성
⑤ 성실성
⑥ 능력

(4) 우리나라 사회복지사협회의 사회복지전문직의 핵심가치

① 인간존엄성 가치 및 클라이언트의 권익 옹호

② 클라이언트의 주체성과 자기결정권
③ 사회정의와 평등·자유와 민주주의 가치
④ 사회복지사의 성실성 및 공정성

학습 2 사회복지전문직의 윤리를 이해하고 설명하기

필요 지식 | 사회복지전문직의 윤리

1. 윤리의 개념

사전적 의미로서의 윤리(ethics)란 '사람이 사회적 관계에 있어 사람으로서 마땅히 행하거나 지켜야 할 도리(우리말 큰사전, 1992)'이다. 윤리란 선악의 속성이나 도덕적 의무를 결정하는 일련의 지침, 행동기준 또는 원칙이라고 할 수 있다. 즉, 윤리란 인간의 행동을 통제하거나 규제하는 기준이나 원칙까지 포함하는 개념으로 일반적으로 타인에 대한 책임감에서 우러나오는 인간에 대한 양심적 기대감을 말하고, 사람의 관계 속에서 사람으로서 마땅히 지켜야 하는 도리를 의미한다(박귀영 외, 2015).

가치가 보편적이고 추상적인 체계인 반면, 윤리는 가치와 일치된 행위로 이끄는 행동상의 규칙들이라고 할 수 있다. 즉, 윤리는 가치에서 비롯되나 무엇이 옳고 그른가를 판단해 주는 도덕적 지침이 된다. 윤리란 사물의 이치나 어떤 행동이 도덕적으로 올바른가에 관한 질문과 관련되며, '도덕적으로 좋고/나쁘고, 옳고/그른 것'에 관한 것으로 '바람직한 것, 우선적인 것, 선한 것'의 의미인 가치와는 구분되는 개념이다(엄명용 외, 2007).

2. 사회복지실천 윤리

로웬버그와 돌고프(Loewenberg & Dolglff, 1996)는 사회복지윤리를 "사회복지실무자들로 하여금 무엇이 윤리적으로 올바른 실천방법인가를 인식할 수 있게 도와주며, 전문적인 사회복지실천 상황에서 초래되는 윤리적 측면들과 관련된 올바른 실천 행위를 결정하고 행동에 옮길 수 있는 하나의 방법"이라고 언급했다(김기덕 외, 2012).

리머(Reamer, 1999)는 사회복지윤리의 역할을 다음과 같이 설명하고 있다(이은희 외, 2015). 첫째, 사회복지윤리는 사회복지전문직의 기본적인 임무와 목표를 명백하게 제시하는 역할을 수행하고 있다. 즉, 사회복지가 지향하는 가치와 원칙들을 통해 사회복지 또는 사회복지가 이 세상에 왜 존재하며, 또 어떠한 사명을 가지고 있는지와 관련한 사회복지전문직의 본질을 확인할 수 있다.

둘째, 사회복지윤리는 사회복지사나 사회복지기관이 구체적으로 어떠한 종류와 성격의 사회적 관계를 형성해 나가야 할지를 제시한다. 사회복지사가 사회의 다양한 집단들과 전문적 관계를 맺게 될 때, 언제 누구와 어떠한 종류의 관계를 형성해야 하는가라는 근본적인 질문에 직면하게 되는데, 이때 사회복지윤리에 의해 결정하게 된다.

셋째, 사회복지윤리는 사회복지사가 자신의 실천과정에서 선택할 수 있는 다양한 실천 대안들 가운데 어떠한 것이 가장 바람직한 것인지를 판단하는 중요한 기준으로 작용한다.

넷째, 사회복지윤리는 사회복지사가 실천과정에서 직면하는 윤리적 갈등을 해결할 수 있는 중요한 도구이다.

3. NASW 사회복지전문직 윤리강령의 주요 내용

1) 서 문

서문은 사회복지실천의 사명과 전문직의 핵심가치를 요약하고 있다. 특히 사명에 대한 진술은 다음과 같이 사회복지실천에 중요한 주제를 강조하고 있다.

① 인간복지를 증진하고 모든 사람의 기본적 욕구 충족에 도움을 줌

② 생태체계적 관점
③ 사회정의와 사회변화를 촉진
④ 문화적 다양성과 인종의 다양성에 대한 민감성
⑤ 클라이언트의 임파워먼트

2) 윤리강령의 목적

① 윤리강령은 사회복지실천 사명에 기반이 되는 핵심가치를 확인한다.
② 윤리강령은 사회복지전문직의 핵심가치를 반영하는 광범위한 윤리적 원칙을 개괄하며, 사회복지실천의 지침으로 사용되어야 할 일련의 구체적 윤리기준을 수립한다.
③ 윤리강령은 전문직 의무에 갈등이나 윤리적 불확실성이 발생할 때 사회복지사가 적절한 고려사항을 확인해 볼 수 있도록 제정되었다.
④ 윤리강령은 일반대중이 사회복지전문직을 신뢰할 수 있도록 윤리기준을 제공한다.
⑤ 윤리강령은 신규 사회복지사에게 사회복지실천의 사명, 가치, 윤리기준을 사회화한다.
⑥ 윤리강령은 사회복지사가 비윤리적 행위에 관여하고 있는지를 사정하기 위해 사회복지전문직 자체가 사용할 수 있는 기준을 명확히 표명한다. NASW는 회원에 대해 제기된 윤리적 고충신고를 판결하기 위해 공식절차를 두고 있으며 회원은 이를 준수해야 한다.

3) 윤리적 기준에 대한 구체적 원칙

NASW는 사회복지사의 전문적 활동과 관련된 윤리적 기준을 다음 6가지 주제로 구체적으로 구분하고 있다.

① 클라이언트에 대한 사회복지사의 윤리적 책임

② 동료에 대한 사회복지사의 윤리적 책임
③ 실천현장에서의 사회복지사의 윤리적 책임
④ 전문직으로서의 사회복지사의 윤리적 책임
⑤ 사회복지전문직에 대한 사회복지사의 윤리적 책임
⑥ 사회 전반에 대한 사회복지사의 윤리적 책임

4. 한국사회복지사협회 사회복지전문직 윤리강령의 주요 내용

한국사회복지사협회에서는 1982년 우리나라 최초의 사회복지사 윤리강령을 제정한 후 1988년 3월 1차 개정과 1992년 10월 2차 개정, 그리고 2001년 12월 3차 개정을 통하여 오늘에 이르고 있다. 2001년 개정된 사회복지사 윤리강령에서는 서문을 비롯하여 기본적 윤리기준, 클라이언트에 대한 윤리기준, 동료에 대한 윤리기준, 사회에 대한 윤리기준, 기관에 대한 윤리기준, 윤리위원회의 구성과 운영에 관한 부분으로 내용을 범주화하였다. 한국사회복지사협회 윤리강령의 주요 내용은 다음과 같다.

1) 서 문

서문은 사회복지의 이념, 전문직의 사명과 핵심가치를 요약하고 있다.

① 인본주의·평등주의 사상에 기초하며, 사회정의와 평등·자유와 민주주의 가치 존중
② 모든 인간의 존엄성과 가치를 존중, 자유권과 생존권의 보장활동에 헌신
③ 클라이언트의 사회적 지위와 기능을 향상시키기 위해 클라이언트와 함께 일하며, 사회제도 개선과 관련된 제반 활동에 주도적으로 참여
④ 클라이언트의 주체성과 자기결정권을 보장하는 데 최선을 다하고, 부당하게 희생되는 일이 없도록 함

⑤ 사회복지사는 전문적 지식과 기술을 개발하고, 사회적 가치를 실현하는 전문가로서의 능력과 품위를 유지하기 위해 노력

2) 사회복지사의 기본적 윤리기준

① 전문가로서의 자세

사회복지사는 전문가로서의 품위와 자질, 책임을 확고히 하고 어떠한 이유로도 클라이언트를 차별적으로 처우하지 않는다. 전문적인 가치와 판단에 따라 성실하고 공정하게 업무를 수행하며 업무상 어떠한 압력과도 타협하지 않으며 부당한 간섭도 받지 않는다. 그리고 자신의 이익을 위하여 사회복지전문직의 가치와 권위를 훼손하지 않으며 사회정의 실현을 위해서 노력한다.

② 전문성 개발을 위한 노력

사회복지사는 전문적인 지식과 기술을 개발하며 이를 활용하고 전파하여야 한다. 사회복지사는 전문성을 개발하기 위해 노력하되, 이를 이유로 서비스의 제공을 소홀히 해서는 안 된다. 또한 클라이언트의 권리를 보장하기 위해 자발적이고 고지된 동의를 얻어야 하며 연구과정에서 얻은 정보는 비밀보장의 원칙에 의해 다루되 클라이언트의 신체적 · 정신절 불편이나 위험 · 위해 등으로부터 보호하여야 한다. 그리고 사회복지사는 한국사회복지사협회 등이 실시하는 제반 교육에 적극 참여하여야 한다.

③ 경제적 이득에 대한 태도

사회복지사는 클라이언트의 지불능력에 상관없이 서비스를 제공해야 하며, 이를 이유로 차별대우를 해서는 안 되며, 필요한 경우에 제공된 서비스에 대해 공정하고 합리적으로 이용료를 책정해야 한다. 그러나 사회복지사는 업무와 관련하여 정당하지 않은 방법으로 경제적 이득을 취해서는 안 된다.

3) 사회복지사의 클라이언트에 대한 윤리기준

① 클라이언트와의 관계

사회복지사는 클라이언트의 권익옹호를 최우선의 가치로 삼고 행동하며 클라이언트에 대하여 인간으로서의 존엄성을 존중해야 한다. 사회복지사는 클라이언트가 자기결정권을 최대한 행사할 수 있도록 도와야 하며, 저들의 이익을 대변하고 사생활을 존중·보호하고, 직무수행 과정에서 얻은 정보에 대해 철저하게 비밀을 유지해야 한다. 또한 사회복지사는 클라이언트의 정보에 대해 비밀보장의 한계·정보를 얻어야 하는 목적 및 활용에 대해 구체적으로 알려야 하며, 정보 공개 시에는 동의를 얻어야 한다. 사회복지사는 클라이언트와의 관계에 있어서 개인적 이익을 위해 클라이언트와의 전문적 관계를 이용해서는 안 되며 어떠한 상황에서도 클라이언트와 부적절한 성적 관계를 가져서는 안 된다. 그리고 사회복지사는 사회복지 증진을 위한 환경 조성에 클라이언트를 동반자로 인정하고 함께 일해야 한다.

② 동료의 클라이언트와의 관계

사회복지사는 적법하고도 절적한 논의 없이 동료, 혹은 다른 기관의 클라이언트와 전문적 관계를 맺어서는 안 되며 긴급한 사정으로 인해 동료의 클라이언트를 맡게 된 경우, 자신의 클라이언트처럼 관심을 가지고 서비스를 제공한다.

4) 사회복지사의 동료에 대한 윤리기준

① 동료

사회복지사는 존중과 신뢰로 동료를 대하며, 전문가로서 지위와 인격을 훼손하는 언행을 하지 않고 동료와 협력해야 하며 전문직 내 다른 구성원이 행한 비윤리적 행위에 대해, 제반 법률규정이나 윤리기준에 따라 조치를 취해야 한다. 사회복지사가 전문적인 판단과 실천이 미흡하여 문제를 야기했을 때 적절한 조치를 취하여 클라이언트의 이익을 보호해야 한다.

② 슈퍼바이저

슈퍼바이저는 개인적인 이익 추구를 위해 자신의 지위를 이용해서는 안 된다. 또한 전문적 기준에 의해 공정하게 책임을 수행하며, 사회복지사・수련생 및 실습생에 대한 평가는 서로 공유해야 한다. 사회복지사는 슈퍼바이저의 전문적 지도와 조언을 존중해야 하며 슈퍼바이저는 사회복지사의 전문적 업무수행을 도와야 한다.

5) 사회복지사의 사회에 대한 윤리기준

사회복지사는 인권존중과 인간평등을 위해 헌신해야 하며, 사회적 약자를 옹호하고 대변하는 일을 주도해야 한다. 사회복지사는 필요한 사회서비스를 개발하기 위한 사회정책의 수립・발전・입법・집행에 적극적으로 참여하고 지원해야 하며, 사회환경을 개선하고 사회정의를 증진시키기 위한 사회정책의 수립・발전・입법・집행을 요구하고 옹호해야 한다. 또한 자신이 일하는 지역사회의 문제를 이해하고 이를 해결하는 일에 적극적으로 참여해야 한다.

6) 사회복지사의 기관에 대한 윤리기준

사회복지사는 기관의 정책과 사업목표의 달성, 서비스의 효율성과 효과성의 증진을 위해 노력함으로써 클라이언트에게 이익이 되도록 해야 하며, 기관의 부당한 정책이나 요구에 대하여 전문직의 가치와 지식을 근거로 이에 대응하고 즉시 사회복지윤리위원회에 보고해야 한다. 또한 사회복지사는 소속기관 활동에 적극 참여함으로써 기관의 성장・발전을 위해 노력해야 한다.

7) 사회복지윤리위원회의 구성과 운영

한국사회복지사협회는 사회복지윤리위원회를 구성하여, 사회복지윤리실천의 질적인 향상을 도모하여야 한다. 사회복지윤리위원회는 윤리강령을 위배하거나 침해하는 행위를 접수받아 공식적인 절차를 통해 대처하여야 하며, 사회복지사는 한국사회복지사협회의 윤리적 권고와 결정을 존중하여야 한다.

8) 사회복지사 선서

사회복지사 자격증을 취득하고 사회복지사로서 일하게 되는 사람은 일을 시작하기 전에 사회복지사로서의 의무와 책임을 다하고 윤리강령을 준수할 것을 맹세하는 선서를 하는데 선서문은 다음과 같다.

> 나는 모든 사람들이 인간다운 삶을 누릴 수 있도록, 인간존엄성과 사회정의의 신념을 바탕으로, 개인·가족·집단·조직·지역사회·전체사회와 함께한다.
> 나는 언제나 소외되고 고통받는 사람들의 편에 서서, 저들의 인권과 권익을 지키고, 사회의 불의와 부정을 거부하면서, 개인의 이익보다 공공이익을 앞세운다.
> 나는 사회복지사 윤리강령을 준수함으로써, 도덕성과 책임성을 갖춘 사회복지사로 헌신한다.
> 나는 나의 자유의지에 따라 명예를 걸고 이를 엄숙하게 선서합니다.

필요 지식 | **사회복지실천의 윤리적 딜레마와 윤리적 의사결정**

1. 사회복지실천의 윤리적 딜레마

사회복지실천에서 사회복지사는 개인적 가치, 사회적 가치, 전문적 가치, 클라이언트와 클라이언트가 소속된 집단의 가치 등에 의해 영향을 받으며 이러한 가치들 간의 갈등으로 인해 가치갈등을 경험하게 된다. 사회복지사가 경험하게 되는 다양한 가치 갈등의 유형은 다음과 같다(양옥경 외, 1993; 이은희 외, 2015).

1) 가치갈등 유형

(1) 가치상충

가치상충은 윤리적 딜레마가 가장 빈번히 발생할 수 있는 상황으로 사회복지사는 두 개 또는 그 이상의 경쟁적 가치와 직면했을 때 윤리적 딜레마에 직면하게 된다. 예를 들면, HIV 양성 성인들을 위한 지지집단에서 A라는 한 회원이 자기는 자신의 아내에게 자신이 HIV 양성이라는 사실을 이야기하지 않고 아내와 안전하지 않은 성관계를 계속해 왔다고 하였다. 그러면서 자신의 행동이 잘못되었고, 부인에게도 잘못이라는 것을 인정하지만 부인이 떠날까 봐 두려워서 사실을 이야기하지 못했다고 한다. 그리고 사회복지사의 설득에도 불구하고 앞으로도 부인에게 이야기하지 않겠다고 할 경우 사회복지사는 어떻게 해야할까? 만약 이러한 성관계를 통하여 파트너의 생명이 직접적이고 즉각적으로 위험하다면 생명보호의 윤리원칙이 사생활과 비밀보장의 원칙에 우선한다(윤리적 의사결정 모델 참고).

(2) 의무상충

사회복지사는 기관에 대한 의무와 클라이언트에 대한 의무 사이에서 갈등하게 된다. 모든 조직은 규칙과 정책을 가지고 있으며, 고용된 사람들은 자발적으로 이러한 규칙들을 지킨다는 것에 동의한다. 그러나 아무리 사회복지기관이라 하여도 조직의 목적과 목표가 반드시 사회복지전문직의 목적과 부합되는 것은 아니다. 조직의 유지와 생존에 관한 요구는 사회복지사가 자신의 클라이언트의 이익에 우선을 두어야 한다는 근본적인 의무와 상반되는 규칙을 도출할 수도 있다. 예를 들면, 가족상담을 수행하는 사회복지기관 사회복지사는 이를 위한 개입은 특별히 고도의 기술이 요구된다는 것을 알면서도 예산의 부족 때문에 부적절하게 훈련받은 준 전문가를 고용해야 하는 상황일 때, 기관에 대한 의무와 클라이언트에 대한 의무 사이에서 가치 갈등을 경험할 것이다.

(3) 클라이언트 체계의 다중성

아동학대 문제, 심각한 부부갈등, 복합적인 문제를 가진 이혼부부의 자녀 문제를 다룰 때 사회복지사는 가족 중 누구의 이익을 최우선으로 고려하고, 어떤 문제에 먼저 개입해야 하는가를 결정하기 무척 어렵다. 판사의 관점, 사회의 관점, 아동의 관점, 어머니의 관점에 따라 문제에 접근할 때 다양한 윤리적 딜레마를 겪게 된다.

(4) 결과의 모호성

사회복지사가 내린 윤리적 결정의 효과가 모호할 때 사회복지사는 선택의 딜레마에 봉착한다. 예를 들어, 해외 입양이 아동을 위한 최선의 결정인지를 확신할 수 없기 때문에 해외 입양 담당 사회복지사는 자주 갈등을 겪게 된다.

(5) 힘 또는 권력의 불균형

사회복지사와 클라이언트의 관계가 권력적으로 평등하지 않다는 것은 사실이며 이것이 기본적으로 윤리적 딜레마를 일으킨다. 클라이언트는 도움을 구하는 위치에 있으므로 전문가에 의존하는 관계가 되기 쉽다. 따라서 비록 사회복지사들이 클라이언트의 자기 결정권, 클라이언트 이익의 최우선성, 의사결정에서 클라이언트 참여 우선성 등의 요인들에 높은 가치를 두고 있지만 사회복지실천 과정에서 이를 충분히 반영하지 못하는 경우가 생길 수 있다.

2) 윤리적 딜레마가 일어나는 영역들

사회복지사들이 흔히 경험하는 대표적인 딜레마와 관련하여 리머는 다음과 같은 3가지 윤리적 갈등상황을 제시하였다(Reamer, 1986, 우국희 외, 2016 재인용).

첫째, 사회복지정책 및 프로그램과 관련한 윤리적 갈등상황으로 한정된 자원을 누구에게 얼마나 배분하느냐, 수급자와 복지권을 어느 한도까지 인정할 것인지, 사회복지적 급여를 제공하는 데 국가의 역할은 무엇인가 등과 같은 결정을 할 때 빈번히 나타난다.

둘째, 직접적 서비스 제공과 관련된 윤리적 갈등상황으로 법규 또는 기관 규정과 치료 목표 사이에서 갈등이 있을 경우, 고용기관에 대한 사회복지사의 충성 의무와 클라이언트에 대한 충성 의무 간의 갈등, 클라이언트 소망에 반하는 서비스를 제공해야 할 경우 등이 그것이다.

셋째, 동료와의 관계에서 나타나는 윤리적 갈등으로 동료가 클라이언트에게 부당한 요구를 하거나 전문직 종사자로서의 품위를 잃는 행위를 할 때, 신뢰와 존경의 의무로 상호협력 관계를 유지해야 하는 관계에서 동료에서 일정한 제재가 가해질 수 있는 어떤 소치를 취해야만 하는 상황 등에서 나타난다.

2. 윤리적 의사결정

윤리적 의사결정이 요구되는 상황은 윤리적인 딜레마 상황에 직면했을 때이다. 윤리적 의사결정은 클라이언트에 대한 실천가의 책임이 따르는 것이기 때문에 신중하게 접근해야 한다.

1) 윤리적 딜레마 해결을 위한 고려사항

의사결정이 잘못되었을 경우 클라이언트의 삶을 위해하거나 부정적인 결과를 초래할 수 있고 더 나아가 돌이킬 수 없는 실천상의 오류를 범하게 되기 때문에 사회복지사는 윤리적 딜레마 상황에서 다음의 사항을 고려하면서 윤리적 의사결정이 되도록 해야 한다(김기덕 외, 2012).

- 현재 직면하고 있는 윤리적 딜레마와 관련된 사회복지사 자신의 가치가 무엇인지를 아는 것이 중요하다.
- 윤리적 결정에 관련되는 사회의 가치, 그리고 전문가 가치가 무엇인지를 확인하는 것이 필요하다.
- 의사결정을 위해 가능한 대안이 무엇인지, 어떤 것을 선택하는 것이 가장 최선인지, 그 선택을 통해 이익을 받는 사람과 불이익을 받는 사람이 누구인지, 클라이언트의 권리가 최대한 보장이 되는지를 파악해야 할 것이다.
- 실천가가 취하고자 하는 대안이 효율성과 효과성의 측면에서 최선인지, 그러면서 윤리적인 것인지를 확인해야 한다.

2) 윤리적 의사결정과 관련된 체계

윤리적 딜레마에 처했을 때 사회복지사는 윤리적 의사결정을 위해 조직의 여러 관련 체계로부터 도움을 받을 수 있다. 윤리적 의사결정을 위해 사회복지사는 자신이 속한 업무환경의 다양한 체계와 관계할 수 있는데, 최선의 결정을 위해서는 단일 체계보다는 여러 체계의 검토와 자문을 받는 것이 유용하다. 윤리적 의사결정에 도움이 되는 다양한 체계는 다음과 같다(김기덕 외, 2012).

(1) 동료검토

윤리적 딜레마가 발생했을 경우 동료들과 해당 사안에 대해 논의할 수 있다. 그러나 주지해야 할 사항은 동료들은 책임체계와 경험, 지식수준에 있어 수평적인 관계의 체계라는 점이다. 윤리적인 딜레마 상황에서 다양한 관점을 공유하면서 최선의 방향을 고려하는 것에는 도움이 될 수 있지만 동료검토의 결과에 대해서는 상위 체계로부터 검토가 있어야 한다.

(2) 슈퍼비전 체계

슈퍼비전은 사회복지사들이 공식적인 채널을 통해 가장 합법적이면서도 용이하게 접근할 수 있는 윤리적 의사결정을 지원하는 기능을 한다. 슈퍼바이저는 슈퍼바이지의 실천과정 전반에 대해서 모니터링하고 필요시에 자문을 제공해야 함이 윤리강령에 제시되어 있다.

(3) 윤리적 의사결정을 위한 교육체계 활용

윤리적 민감성을 고양하고 윤리적 의사결정을 위한 개인의 역량을 강화하기 위해 교육체계를 활용하는 것은 중요하다. 교육을 통해 윤리적 의사결정의 역량을 증진하는 것은 단시간에 가능한 것이 아니다. 따라서 즉각적으로 활용하는 것에는 제약이 따른다. 그러나 무엇보다 윤리적 의사결정을 가능케 하는 지속적인 교육지원을 통해서 윤리적 의사결정과 관련된 역량을 증진하는 것은 중요하다.

(4) 클라이언트를 위한 권리규정

윤리적 의사결정에서 다루는 사안은 대부분의 상황이 취약한 클라이언트와 관련된 것일 수 있다. 따라서 의사결정 과정에서 클라이언트의 권리를 보호하고 증진하기 위한 규정을 참고하며 그 규정에 준하여 결정하는 것이 요구된다. 이미 제시된 것을 참조할 수도 있고, 각 기관에서 클라이언트의 권리장전을 마련하여 그것을 토대로 윤리적 의사결정의 지침을 제공받을 수도 있다.

(5) 전문가집단 활용

윤리적인 사안과 관련하여 기관에 구성되어 있는 윤리위원회나 한국사회복지사협회의 윤리위원회의 도움을 받을 수 있다.

(6) 판례집의 활용

윤리적 의사결정과 관련된 체계로 기존에 진행되었던 다양한 윤리적 교착상태에서 사회복지사들이 어떤 절차와 방향으로 윤리적 의사결정을 했는지에 대한 판례집을 활용하는 방안이다. 아직 우리나라의 경우 판례집이 제시되어 있지 않은 상황이고 이것이 제시될 경우 윤리적 의사결정을 위한 유용한 지침이 될 수 있다.

3) 윤리적 의사결정 과정

사회복지사들이 겪는 윤리적 딜레마는 직접적 실천과 간접적 실천에서 모두 발생할 수 있다. 직접적 실천에서 발생하는 윤리적 딜레마는 개인, 가족, 집단 클라이언트와 일할 때 발생하는 것이며, 간접적 실천에서 발생하는 윤리적 딜레마는 지역사회조직, 사회정책 수립 및 행정활동을 할 때 발생하는 딜레마이다(고미영 외 공역, 2002).

윤리적 딜레마를 해결하는 데 지침이 되는 것이 전문적 윤리강령이지만, 최선의 행동을 선택하기 위해서는 각 대안들을 면밀히 검토하고 우선순위를 두어야 한다. 이때 윤리적 의사결정의 우선순위와 윤리적 의사결정모델은 도움이 된다. 여기서는 돌고프, 로웬버그와 해링턴(Dolgoff, Loewenberg & Harrington, 2005)의 윤리적 의사결정모델 등에 관해서 살펴보도록 하겠다(김기덕 외, 2012).

(1) 윤리적 의사결정 과정

돌고프, 로웬버그와 해링턴의 윤리적 의사결정 과정은 일반적인 의사결정 과정에서도 활용될 수 있는 모델이다. 의사결정과 관련된 일반적인 사고의 절차라고 할 수 있다. 이들은 이 의사결정의 일반적인 가정 모델에 대해서 아래의 11단계로 제시하고 있다. 그 11단계는 다음과 같다.

- 1단계 : 문제가 무엇인지, 그리고 문제를 야기하는 요인이 무엇인지를 확인한다.
- 2단계 : 누가 클라이언트로 피해자인지, 지지체계와 다른 전문가 등 해당되는 문제와 관련된 사람과 단체는 누구인지를 확인한다.
- 3단계 : 2단계에서 확인된 다양한 주체들이 주어진 문제와 관련하여 어떤 가치를 가지고 있는지를 확인한다. 즉, 사회적 가치, 전문가로서의 가치, 클라이언트의 가치, 사회복지사 개인의 가치 등을 확인한다.
- 4단계 : 주어진 문제를 해결하거나 최소한 문제의 정도를 경감시킬 수 있는 개입목표를 명확히 한다.
- 5단계 : 개입수단과 개입대상을 분명하게 확인한다.
- 6단계 : 확정된 목표에 따라 설정된 개입방안의 효과성과 효율성을 평가한다.
- 7단계 : 누가 의사결정에 참여할 것인가를 결정한다.
- 8단계 : 가장 적절한 개입방법을 선택한다.
- 9단계 : 선택된 개입방법을 수행한다.
- 10단계 : 선택된 개입방법이 수행되는 것을 검토하며, 예상하지 않았던 결과가 나타나는지를 주지한다.
- 11단계 : 결과를 평가하고 추가적인 문제들이 무엇인지를 확인한다.

위에서 살펴본 돌고프, 로웬버그와 해링턴의 의사결정 과정 외에도 여러 학자들이 의사결정 과정에 대해서 제시하고 있으며, 윤리적 딜레마 상황에서 사회복지사의 의사결정은 일련의 단계를 밟아서 체계적으로 접근하는 것이 중요하다. 명확하게 공식화된 일련의 단계를 따름으로써, 사회복지사는 윤리적 결정의 질을 향상시킬 수 있는데 다음과 같이 설명하기도 한다(고미영 외 공역,

2002, 김혜영 외, 2015 재인용).

- 단계 1 : 윤리적 이슈를 규명한다. 이때 상황에 대한 정보를 수집하고 갈등을 일으키는 사회복지실천의 가치도 분명히 한다.
- 단계 2 : 윤리적 결정에 의해 영향을 받을 가능성이 있는 개인이나 집단, 조직을 규명한다.
- 단계 3 : 실행 가능한 모든 행동방침과 각각의 경우에 포함되는 참여자들, 그리고 각 경우의 잠재적 이익과 위험을 잠정적으로 규명한다.
- 단계 4 : 다음의 관련 사항을 고려하여, 각각의 행동방침을 찬성 또는 반대하는 이유와 근거를 철저하게 검토한다.
  ① 윤리강령, 법과 규정
  ② 사회복지실천 이론과 원칙
  ③ 개인적 가치, 특히 자신의 가치와 갈등을 일으키는 가치들
- 단계 5 : 동료와 전문가와 상담한다.
- 단계 6 : 결정을 내린 후 의사결정 증거서류를 첨부한다.

(2) 윤리적 사정심사와 윤리적 원칙의 우선순위 결정

윤리적 의사결정을 위해 행해지는 윤리적 사정심사의 고려내용은 다음과 같다.

① 직면하고 있는 윤리적 갈등상황과 관련하여 자신의 개인적 가치가 무엇인지 확인한다.
② 윤리적 의사결정과 관련된 사회적 가치를 확인한다.
③ 윤리적 문제와 관련된 전문가의 가치를 확인한다.
④ 당신이 취할 수 있는 윤리적 선택은 어떤 수단이 있을 수 있는지 확인해 본다.
⑤ 어떤 윤리적 행위가 클라이언트와 다른 사람의 권리를 최대한 보호할 수 있는지 확인한다.

⑥ 어떤 윤리적 행위의 대안이 가능한 한 사회의 권익을 최대한 보호할 수 있는지 확인한다.
⑦ ①, ②, ③ 측면 사이의 갈등을 최소화하기 위해 무엇을 할 수 있는지, ⑤, ⑥ 사이의 갈등을 최소화하기 위해 무엇을 할 수 있는지 확인한다.
⑧ 어떤 행위가 최소한의 해악의 원칙을 지킬 수 있는지 파악한다.
⑨ 각 행위의 대안들은 어느 정도 효율적이고 효과적이며 윤리적인지를 파악한다.
⑩ 각각의 대안들이 가지고 있는 단기 및 장기적인 윤리적 측면을 고려해서 비교한다.

돌고프, 로웬버그와 해링턴이 제시하고 있는 윤리적 원칙 우선순위는 다음과 같다.

- **제1원칙** : 생명보호의 원칙(principle of the protection of life)
  생명보호의 원칙은 클라이언트와 모든 사람에게 우선적으로 적용되는 것으로 다른 윤리적인 원칙보다 우선시되는 원칙이다.
- **제2원칙** : 평등과 불평등 원칙(principle of equality and inequality)
  동일한 환경에 처한 모든 사람은 동일한 방식으로 처우를 받아야 하며, 다른 상황에 처해 있는 사람이 불평등의 문제와 관련되었을 경우에는 다르게 처우되어야 한다. 즉, 분배적 정의와 관련하여 불평등한 처우가 평등을 지향할 수 있다는 것으로 사회복지의 가치인 사회정의와 관련된 원칙이다.
- **제3원칙** : 자율성과 자유의 원칙(principle of autonomy and freedom)
  사회복지사는 실천과정에서 개인의 자기－결정, 자율성, 독립성, 자유를 촉진해야 한다. 개인의 자율성과 자유를 보장하는 것이 클라이언트 자신과 타인에게 해가 되는 경우 사회복지사는 제1원칙을 우선순위로 하여 개입해야 할 의무가 있다.

- **제4원칙 : 최소해악의 원칙**(principle of least harm)
  클라이언트에게 해가 되는 윤리적 교착상태에 직면하여 사회복지사는 위해가 되는 상황을 사전에 방지하거나 피하도록 해야 한다. 대안 중 어떤 것을 선택하더라도 누군가에게 위해가 될 수 있는 상황이라면 사회복지사는 클라이언트나 타인에게 최소한의 해가 되는 선택을 해야 한다.
- **제5원칙 : 삶의 질 원칙**(principle of quality of life)
  사회복지사는 클라이언트 개인뿐 아니라 지역사회의 삶의 질을 촉진하기 위한 실천을 해야 한다. 사회복지사는 지역에서부터 세계에 이르기까지 복지사회를 구현해야 하며, 사람과 지역사회, 그리고 환경의 발달을 촉진해야 한다.
- **제6원칙 : 사생활보호와 비밀보장**(principle of privacy and confidentiality)
  사회복지사는 모든 사람의 사생활보호와 비밀보장의 권리를 강화하기 위해 노력을 해야 한다. 그러나 비밀보장을 하는 것이 오히려 위헤가 될 경우, 폭력이나 손해를 예방하는 것이 이 원칙보다 우선되어야 한다.
- **제7원칙 : 정직과 완전공개**(principle of truthfulness and full disclosure)
  사회복지사는 진실된 말을 해야 하며 자신의 클라이언트 및 타인과 관련된 모든 정보에 대해서 충분하게 공개해야 한다. 전문적인 관계가 원활하게 되기 위해서는 신뢰를 요하며 신뢰는 정직을 기본으로 한다.

다음의 표는 각 학자들이 제시한 윤리적 의사결정의 우선순위를 표로 제시한 것이다.

〈표 3-1〉 학자별 윤리적 의사결정의 우선순위

구 분	Reamer(1995)	Dolgoff, Loewenberg and Harrington(2005)	양옥경 외(2004)
윤리원칙 1	개인의 기본 생존조건 우선 원칙	개인의 기본적 욕구충족 원칙	생명보호
윤리원칙 2	개인의 행복추구권	공평한 처우 원칙	자기결정권
윤리원칙 3	개인의 자기결정권	자유로운 자기결정권 및 자유 원칙	비밀보장과 알 권리
윤리원칙 4	협회·단체의 법·규정보다 개인의 행복추구권 우선 원칙	최소한 침해의 원칙	균등한 기회 제공
윤리원칙 5	전문가 집단 결정의 원칙	삶의 질 향상의 원칙	규칙준수
윤리원칙 6	윤리적 결정과정의 증거서류 원칙	사생활 및 비밀보장의 원칙	
윤리원칙 7		진실과 정보를 알릴 원칙	

출처 : 김혜영 외(2015).

수행하기 | 사회복지실천에서 윤리적 의사결정의 적용

아래의 사례를 읽고 앞서 학습한 윤리적 의사결정모델을 통해 최선의 의사결정에 도달하는 연습을 해보자.

〈사례 1〉

순자 씨(가명)는 노숙여성으로 ○○복지관 근처 터미널에서 노상에서 생활하고 있다. 즉, 여성노숙인이다. 순자 씨에게 ○○복지관 직원이 가끔 커피를 사주기도 하고 음식을 가져다주기도 한다. 이번 여름철 무더위에 그녀는 몇 겹의 옷을 입고 지냈다. 위생상태도 매우 불결하게 보이며, 영양상태 또한 좋지 않은 것으로 추정된다. 사회복지사인 당신은 순자 씨에게 노숙인을 위한 인근 쉼터에 입소할 것을 권유하였지만 그녀는 노상을 떠나는 것을 주저하고 있다. 이 상황에서 당신이라면 어떻게 하겠는가? 그녀의 생활이 위험하기 때문에 쉼터나 병원에 입소하도록 경찰의 도움을 받겠는가? 아니면 쉼터에 입소해야 한다는 것을 말해주고서 알아서 하도록 둘 것인가, 그것도 아니라면 순자 씨에게 여러 거주지와 노숙 이외의 방법을 알려주고 입소 여부를 스스로 결정하도록 할 것인가?

출처 : 김기덕 외(2012).

〈사례 2〉

복지관에 온 14세의 희진(가명)이는 학교를 무단결석하고 자주 밖에서 보낸다. 첫 면담에서 희진이는 자신이 임신을 했고 아기 낳기를 희망한다고 말하였다. 희진이는 이 사실을 아직 부모에게 말하지 않았는데, 그 이유는 부모님이 매우 화를 내실 것이고 자신으로 하여금 낙태를 강요할 것이라고 믿고 있기 때문이다. 어떤 개입이 전문적 가치에 부응하는 최선의 방법이겠는가? 희진이에게 부모님의 뜻을 따르는 것이 좋겠다고 조언을 해야 하는가, 부모님을 모시고 와서 이 문제에 대해서 논의하면서 다양한 대안적인 행동과정에 대해서 논의할 것을 권면할 것인가, 희진이의 아이를 낳겠다는 의지가 확고하기 때문에 희진이에게 미혼모시설에 입소하도록 연결하는 것이 최선인가, 아니면 아직 미성년자인 희진이의 상황에 대해서 보호자인 부모의 알 권리를 보호하고 낙태는 불법이기 때문에 절대 안 된다는 논리 속에서 부모님이 법을 지키도록 설득할 것인가? 희진이의 요구, 보호자인 부모님의 의견대립 등 여러 관련자들의 상충되는 이해관계 속에서 여러분은 어떤 과정을 통해서 의사결정을 하도록 지원하겠는가?

출처 : 김기덕 외(2012).

04

Chapter

사회복지실천현장에 대한 이해

학습 1 사회복지실천현장의 개념 이해하기

학습 2 우리나라 사회복지실천현장 설명하기

제4장 사회복지실천현장에 대한 이해

능력단위 명칭 : 사회복지실천현장에 대한 이해

능력단위 정의 : 사회복지실천현장의 개념을 이해하고 우리나라 사회복지실천현장을 유형별로 설명할 수 있다.

■ 능력단위 요소 및 수행준거

능력단위 요소	수행준거
사회복지실천현장의 개념 이해하기	1.1 사회복지실천현장의 개념을 이해하고, 설명할 수 있다. 1.2 사회복지실천현장을 분류할 수 있다.
우리나라 사회복지실천현장 설명하기	2.1 우리나라 사회복지실천현장과 인력에 대해 이해하고, 설명할 수 있다.

■ 선수 학습

인간과 사회환경에 대한 심리사회이론, 생태체계이론, 생애발달이론, 사회복지개론

■ 핵심 용어

사회복지실천현장, 기관의 기능, 기관 설립주체, 서비스 제공방식

■ 수행 학습 필요 사항

자료 및 관련 서류

- 사회복지실천 관련 문헌

장비 및 도구

- 컴퓨터
- 화이트보드
- 빔프로젝트
- 모둠학습테이블

학습 1 사회복지실천현장의 개념 이해하기

필요 지식 | 사회복지실천현장의 개념·분류

1. 사회복지실천현장의 개념

사회복지실천현장은 사회복지실천 분야 또는 서비스의 초점이 되는 문제영역을 포괄하는 개념으로서 '사회복지실천이 이루어지는 곳'을 의미하며, 클라이언트에게 사회복지서비스를 직접적으로 또는 간접적으로 제공하는 장(場, setting)을 말한다.

좁은 의미의 사회복지실천현장이란 사회복지실천이 이루어지는 '구체적인 장소' 혹은 사회복지서비스를 직접 또는 간접적으로 클라이언트에게 제공하는 사회복지기관을 뜻하며, 예를 들면 종합사회복지관, 장애인복지관, 노인복지관 등이 있다.

넓은 의미의 사회복지실천현장은 물리적인 '장소'라는 개념을 넘어 사회복지실천이 이루어지는 '분야(field)' 혹은 서비스의 초점이 되는 '문제', '대상집단' 등을 모두 포함한다. 이들 현장을 실천분야의 기준으로 분류하는 경우 대상별, 영역별, 혹은 장소(setting)별 등으로 구분한다(김혜영 외, 2015).

- **대상별 분야** : 노인, 여성, 청소년, 장애인 등
- **영역별 분야** : 약물남용, 의료, 정신보건 등
- **장소별 분야** : 병원, 학교, 기업, 교도소 등

현재 한국의 사회복지실천현장은 과거에 비해 매우 증가하고 있는 추세이다. 사회복지사업법이 제정된 이래 사회복지사업 관련 법률은 계속 늘어나고 있으

며, 이에 따라 사회복지실천현장도 계속 그 범위가 확장되고 있다. 또 기존의 사회복지실천현장도 사회 변화에 따라 변화하면서 이에 따른 사회복지사의 역할도 변화하고 있다(우국희 외, 2016).

2. 사회복지현장의 분류

1) 기관의 기능 혹은 목적에 따른 분야

① 1차 현장

기관의 주된 기능과 목적이 사회복지서비스를 제공하는 것으로서 일반적으로 사회복지사들이 중심이 되어 활동한다. 1차 사회복지실천현장은 사회복지이용시설, 사회복지거주시설 등으로 구분하는 것이 일반적이다. 예를 들면, 종합사회복지관, 노인복지관, 아동양육시설, 노인주거복지시설, 장애인거주시설 등이 이에 해당한다.

② 2차 현장

기관의 1차적인 기능이 따로 있으며, 필요에 의해 사회복지서비스를 제공한다. 사회복지서비스가 기관의 목표달성과 서비스의 효과성에 미치는 긍정적 영향이 인정되어 사회복지실천이 부분적으로 수행되는 실천현장을 말한다. 예를 들면, 학교, 병원, 교정시설, 기업, 의료기관, 행정복지센터(주민센터) 등이 이에 해당된다.

2) 기관 설립주체 및 재원조달 방식

① 공공기관

정부의 지원에 의해 운영되며, 사회복지사의 업무는 정부규정이나 지침에 의해 규정되고 서비스를 계획하고 관리 · 지원하는 행정체계와 서비스를 직접 제공하는 집행체계로 나뉜다. 여기에 각종 사회보험 프로그램과 공공부조 프로그램 등이 포함된다. 예를 들면, 시 · 군 · 구청 및 행정복지센터 등이 이에 해당한다.

② 민간기관

순수 자원봉사적인 활동과 공공과 민간의 파트너십을 통해 행해지는 활동을 목적으로 하는 기관으로 사회서비스 기관과 간접서비스나 행정지원을 위해 조직된 협의체로 나뉜다. 예를 들면, 시민사회단체, 종교계, 사회복지법인 및 재단을 통해 이루어지는 다양한 사회복지활동 등이 이에 해당한다.

3) 서비스 제공방식

① 행정기관

사회복지서비스 전달체계를 효율적으로 운영하기 위해 행정업무를 수행하고 기관 간 연계 및 협의 업무를 담당한다. 업무상 사회복지사의 개입이 필요하거나 혹은 사회복지실천현장과의 교류가 필요하기 때문에 사회복지실천현장으로서 중요한 역할을 하고 있다. 예를 들면, 보건복지부, 고용노동부, 교육부, 사회복지협의체 등이 이에 해당한다.

② 서비스 기관

주요 대상이나 문제영역에 따라서 서비스 기관이 분류되고 클라이언트에게 직접서비스를 제공하는 것을 목적으로 한다. 예를 들면, 아동상담소, 지역사회복지관, 보육시설 등이 이에 해당한다.

4) 주거서비스 제공 여부

① 거주시설

클라이언트가 개인적으로 활동할 수 없거나 부양가족의 능력이 부족하여 주거를 포함하여 제반 사회복지서비스를 제공하는 기관을 말한다. 예를 들면, 장애인거주시설, 아동단기보호시설, 청소년쉼터, 그룹 홈 등이 이에 해당한다.

② 이용시설

지역사회에 거주하는 클라이언트를 대상으로 서비스를 제공하는 곳을 말하며, 주거서비스는 제공하지 않는다. 예를 들면, 종합사회복지관, 노인복지관, 장애인복지관, 청소년상담센터, 자활후견기관, 영유아보육시설 등이 이에 해당한다.

학습 2 우리나라 사회복지실천현장 설명하기

필요 지식 | 우리나라 사회복지실천현장

1. 행정기관

1) 공공기관

우리나라는 중앙부처인 보건복지부가 국가예산을 광역자치단체인 특별시·광역시·도로 하달하면 시·도는 다시 지방에 배정된 예산을 기초자치단체인 시·군·구로 하달한다. 다시 시·군·구는 보다 구체적인 집행을 배정된 예산에 의하여 최일선 기관인 읍·면·동과 사회복지기관에 하달하여 사회복지전담공무원이나 사회복지기관의 직원들에 의해 이어지는 사회복지 전달체계를 형성하고 있다. 따라서 공공기관은 보건복지부, 특별시·광역시·도청, 시·군·구청, 행정복지센터(주민센터) 등이며, 공공기관의 주요 인력은 사회복지직 공무원으로 이루어져 있다.

2) 민간기관

행정기관으로서 민간기관은 한국사회복지협의회, 사회복지공동모금회, 직능단체 등이 있다(김혜영 외, 2015).

① 한국사회복지협의회

한국사회복지협의회는 비영리법인으로 한국의 사회복지사업기관들의 협의체를 말한다. 사회복지사업법에 의거하여 사회복지를 목적으로 하는 각종 사업과 활동을 돕고, 이를 위한 국민의 참여를 촉진하여 한국 사회복지의 향상과 발전에 기여하기 위하여 회원 및 관련단체 간의 연락 · 협의 · 조정 · 협동과 사회복지사업의 조장 · 지도를 주 업무로 하며, 정부에 대해서는 사회보장제도의 확립과 사회복지시책의 과감한 시행 · 개선 등을 건의한다.

② 사회복지공동모금회

사회복지공동모금회는 국민의 성금으로 마련된 재원을 효율적이고 공정하게 관리 · 운용하기 위해 설립된 단체를 말한다. 주요 활동은 사회복지공동모금, 공동모금재원의 배분 · 운용 · 관리, 사회복지공동모금에 관한 조사 · 연구 · 홍보 및 교육훈련, 사회복지 공동모금과 관련된 국제교류 및 협력 증진, 다른 기부금품 보집자와의 협력 등이 있다.

③ 직능단체

사회복지관협회, 노인복지시설협회, 장애인복지관협회, 자활후견기관협회, 재가노인복지협회, 아동복지협회 등이 있다. 이러한 단체들은 서비스 대상자들에게 직접적인 서비스를 제공하기보다는 민간사회복지행정조직체계로서 사회복지기관의 운영을 지원하고, 이를 통해 사회복지 서비스대상자들을 간접적으로 지원하는 역할을 담당하고 있다.

2. 서비스기관

1) 사회복지관

사회복지관이란 지역사회를 기반으로 일정한 시설과 전문인력을 갖추고 지역주민의 참여와 협력을 통하여 지역사회의 복지문제를 예방하고 해결하기 위하여 종합적인 복지서비스를 제공하는 시설을 말한다. 사회복지관 사업의 대상은 사회복지서비스 욕구를 가지고 있는 모든 지역주민으로 한다. 다만, 사회복지서비스를 우선 제공할 필요가 있다고 인정되는 사람(국민기초생활보장법에 따른 수급자 및 차상위계층, 장애인 · 노인 · 한부모가족 및 다문화가족, 직업 및 취업알선이 필요한 사람, 보호와 교육이 필요한 유아 · 아동 및 청소년, 그 밖에 사회복지관의 사회복지서비스를 우선 제공할 필요가 있다고 인정되는 자)에게는 우선적으로 서비스를 제공해야 한다. 2012년 사회복지사업법의 개정에 따라 사회복지관의 사업은 사례관리 기능, 서비스 제공 기능, 지역사회조직화 기능으로 분류되어 업무를 수행하고 있다.

2) 노인복지시설

노인복지법에 따른 노인복지시설은 노인주거복지시설, 노인의료복지시설, 노인여가복지시설, 재가노인복지시설, 노인보호전문기관, 노인일자리지원기관으로 분류되며 그 종류는 다음과 같다.

(1) 노인주거복지시설

- 양로시설
- 노인공동생활가정
- 노인복지주택

(2) 노인의료복지시설

- 노인요양시설
- 노인요양공동생활가정

(3) 노인여가복지시설

- 노인복지관
- 경로당
- 노인교실

(4) 재가노인복지시설

방문요양서비스, 주·야간보호 서비스, 단기보호서비스, 방문목욕서비스, 그 밖의 서비스 중 어느 하나 이상의 서비스를 제공함을 목적으로 하는 시설

(5) 노인보호전문기관

- 중앙노인보호전문기관
- 지역노인보호전문기관

(6) 노인일자리지원기관

3) 장애인복지시설

장애인복지법에 따르면 장애인복지시설의 종류는 다음과 같다.

(1) 장애인거주시설

거주공간을 활용하여 이반가정에서 생활하기 어려운 장애인에게 일정 기간 동안 거주·요양·지원 등의 서비스를 제공하는 동시에 지역사회 생활을 지원하는 시설이다. 그 종류에는 장애유형별 거주시설, 중증장애인 거주시설, 장애영유아 거주시설, 장애인 단기거주시설, 장애인 공동생활가정 등이 있다.

(2) 장애인 지역사회재활시설

장애인을 전문적으로 상담·치료·훈련하거나 장애인의 일상생활, 여가활동 및 사회참여활동 등을 지원하는 시설이다. 그 종류에는 장애인복지관, 장애인주간보호시설, 장애인체육시설, 장애인 수련시설, 장애인 심부름센터, 수화통역센터, 점자도서관, 점자도서 및 녹음서 출판시설, 장애인 재활치료시설 등이 있다.

(3) 장애인 직업재활시설

일반 작업환경에서는 일하기 어려운 장애인이 특별히 준비된 작업환경에서 직업훈련을 받거나 직업생활을 할 수 있도록 하는 시설이다. 그 종류에는 장애인 보호작업장과 장애인 근로작업장이 있다.

(4) 장애인 의료재활시설

장애인을 입원 또는 통원하게 하여 상담, 진단·판정, 치료 등 의료재활서비스를 제공하는 시설이다.

4) 아동·청소년 복지시설

(1) 아동복지시설

아동복지란 아동이 행복한 삶을 누릴 수 있는 기본적인 여건을 조성하고 조화롭게 성장·발달할 수 있도록 하기 위한 경제적·사회적·정서적 지원을 말한다. 이러한 목적을 위해 설치되는 아동복지시설의 종류는 다음과 같다.

① 생활시설

- 아동양육시설
- 아동일시보호시설
- 아동보호치료시설
- 공동생활가정
- 자립지원시설

② 이용시설

- 아동상담소
- 아동전용시설
- 지역아동센터

(2) 청소년복지시설

청소년이 정상적인 삶을 누릴 수 있는 기본적인 여건을 조성하고 조화롭게 성장・발달할 수 있도록 제공하는 사회적・경제적 지원을 말한다. 청소년시설은 청소년활동, 청소년복지, 청소년보호가 제공되는 시설을 말한다. 청소년시설은 청소년기본법이 아니라 따로 법률로 규정하도록 하고 있는데, 청소년복지시설은 청소년쉼터, 청소년자립지원관, 청소년치료재활센터로 구분된다. 또한 청소년복지지원법 제29조에 따로 규정된 청소년상담복지센터도 청소년복지시설로 분류할 수 있다.

5) 여성 및 가족복지시설

여성 및 가족복지 실천현장과 관련된 법에는 한부모가족지원법, 건강가정기본법, 다문화가족지원법, 성매매 방지 및 피해자 보호 등에 관한 법률, 성폭력 방지 및 피해자 보호 등에 관한 법률, 가정폭력 방지 및 피해자 보호 등에 관한 법률이 있다(우국희 외, 2016).

(1) 여성복지시설 종류

① 성매매 피해자를 위한 시설

- 일반지원시설
- 청소년지원시설
- 외국인지원시설
- 자립지원 공동생활시설
- 성매매피해상담소

② 성폭력 피해자를 위한 시설

- 일반보호시설
- 장애인보호시설

- 특별지원보호시설
- 외국인보호시설
- 자립지원 공동생활시설
- 장애인 자립지원 공동생활시설
- 성폭력피해상담소

③ 가정폭력 피해자를 위한 시설

- 단기보호시설
- 장기보호시설
- 외국인보호시설
- 장애인보호시설
- 가정폭력상담소

(2) 가족복지시설 종류

① 한부모가족복지시설

- 모자가족복지시설
- 부자가족복지시설
- 미혼모자가족복지시설
- 일시지원복지시설
- 한부모가족복지상담소

② 건강가정지원센터

- 중앙건강가정지원센터
- 시·도 건강가정지원센터
- 시·군·구 건강가정지원센터

③ 다문화가족지원센터

- 중앙관리기관
- 거점센터
- 시 · 군 · 구 다문화가족지원센터

6) 정신건강증진시설

정신질환자를 위한 시설은 1995년 정신보건법 제정 및 정신보건센터 시범 개소 후 꾸준히 증가하고 있다. 최근 기존의 정신보건법이 전면 개정되어 2017년 5월 30일부터 「정신건강증진 및 정신질환자 복지서비스 지원에 관한 법률」이 시행됨에 따라 기존 정신보건시설의 명칭들이 변경되었다. 이 법에 근거한 정신건강증진시설은 정신의료기관, 정신요양시설, 정신재활시설(구, 사회복귀시설), 정신건강복지센터(구, 정신건강증진센터) 등이 있다. 정신재활시설은 생활시설과 재활훈련시설로 구분되며, 생활시설은 정신질환자 등이 생활할 수 있도록 주로 의식주 서비스를 제공하는 시설이며, 재활훈련시설은 정신질환자 등이 지역사회에서 직업활동과 사회생활을 할 수 있도록 주로 상담 · 교육 · 취업 · 여가 · 문화 · 사회참여 등 각종 재활활동을 지원하는 시설이다.

7) 노숙인복지시설

노숙인 발생 예방 및 노숙인들이 심신장애를 극복하여 정상적인 사회생활로 복귀할 수 있도록 신체적 · 심리적 치료의 재활기능을 담당하고 실직 노숙인들에게 숙식서비스를 제공하여 생활안정 도모, 입소자들의 생활을 도와 취업의 기회를 제공하는 시설을 말한다.

① 노숙인복지시설

- 노숙인 일시보호시설
- 노숙인 자활시설
- 노숙인 재활시설
- 노숙인 요양시설
- 노숙인 급식시설
- 노숙인 진료시설

② 노숙인종합지원센터

8) 자원봉사 관련기관

자원봉사센터는 자원봉사활동, 개발 · 장려 · 연계 · 협력 등의 사업을 수행하기 위하여 법령과 조례 등에 의하여 설치된 기관 · 법인 · 단체 등을 말한다.

- 특별시 · 광역시 · 도 자원봉사센터
- 시 · 군 · 자치구 자원봉사센터
- 지역자원봉사센터
- 사회복지정보센터

05

Chapter

사회복지사례관리 인테이크

학습 1 사례관리 설명하기

학습 2 클라이언트의 일반적 상황 파악하기

학습 3 클라이언트의 제시된 욕구 파악하기

학습 4 클라이언트 선정하기

제5장 사회복지사례관리 인테이크

분류번호 : 0701020403_14v2

능력단위 명칭 : 사회복지사례관리 인테이크

능력단위 정의 : 사회복지사례관리 인테이크(intake)란 방문 또는 의뢰체계로부터 요청된 클라이언트와 접촉하여 상황과 제시된 욕구를 파악하고 사례관리의 적합성 여부를 판단하여 사례관리를 설명 후 동의를 얻는 능력이다.

■ 능력단위 요소 및 수행준거

능력단위 요소	수행준거
0701020403_14v2.1 사례관리 설명하기	1.1 사례관리의 필요성이 있는 클라이언트에게 사례관리의 내용·과정을 설명할 수 있다. 1.2 사례관리 과정 참여로 발생하는 권리와 의무에 대해 안내할 수 있다. 1.3 클라이언트가 사례관리 참여 여부를 결정하도록 지원할 수 있다.
0701020403_14v2.2 클라이언트 일반적 상황 파악하기	2.1 사례관리 초기면접지를 활용하여 클라이언트의 상황을 조사할 수 있다. 2.2 클라이언트의 가족력, 가계도를 통해 정보를 수집할 수 있다. 2.3 클라이언트의 생태도를 통해 정보를 수집할 수 있다.
0701020403_14v2.3 클라이언트의 제시된 욕구 파악하기	3.1 초기면접 내용을 바탕으로 클라이언트가 가진 문제를 진단할 수 있다. 3.2 초기면접 내용을 바탕으로 클라이언트가 충족하고자 하는 욕구를 진단할 수 있다. 3.3 클라이언트가 가진 문제와 욕구에 따라 우선순위를 분류할 수 있다.
0701020403_14v2.4 클라이언트 선정하기	4.1 사례관리 선정 기준표를 활용하여 사례관리자의 종합 의견을 기술할 수 있다. 4.2 사례회의에 상정하여 사례관리 대상 여부를 결정할 수 있다. 4.3 부적합 사례에 대하여 타 기관에 의뢰, 단위 서비스, 부적합 판정 사유에 대해 설명할 수 있다.

■ 선수 학습

인간과 사회환경에 대한 심리사회이론, 생태체계이론, 생애발달이론, 사회복지사의 윤리 및 태도

■ 핵심 용어

사례관리, 인테이크, 초기면접, 초기면접지, 가족력, 가계도, 생태도, 제시된 욕구, 클라이언트 선정

■ 수행 학습 필요 사항

자료 및 관련 서류

- 초기 면접지(인테이크지)
- 사례관리 참여 신청서
- 사례관리 참여 동의서
- 대상자 의뢰 관련 공문
- 종합정보기록지
- 상담 관련 자료(방문상담 기록지)
- 주민등록 등본
- 수급자 증명서
- 자원망 지도

장비 및 도구

- 초기 면접지(작성내용)
- 상담 기록지
- 가계도
- 자원망 지도
- 유/무선 도구(전화기, 휴대폰 등)
- 킴퓨디
- 사회복지전산시스템(문서작성 프로그램)

학습 1 사례관리 설명하기

필요 지식 | 사례관리의 개념, 역사적 배경, 사례관리 과정

1. 사례관리의 개념과 이해

미국에서 1970년대 후반부터 사회복지실천 방법의 하나로 인정받기 시작한 사례관리는 한국에서는 2000년대 이후부터 주요한 실천방법으로 부각되기 시작하였고, 최근에는 민간과 공공의 다양한 영역에서 사회복지서비스의 주요한 방법으로 인식되고 있다.

1) 사례관리의 정의

사례관리는 시대와 상황에 따라 그 성격이 변화하면서 이에 대한 정의도 다양하게 제시되고 있다. 몇몇 학자들은 사례관리가 메리 리치몬드(Mary Richmond) 시기부터 사회사업의 주요한 부분이었다고 주장하면서, 사례관리의 기원을 19세기 인보관(Settlement House)과 자선조직협회(C.O.S)의 활동에서 찾기도 한다. 이 당시 사회복지사의 주요 활동이었던 정보수집, 체계적 사정과 자원 분배에 대한 형평성의 가치, 사례조정에 대한 관심이 사례관리에서 중요하였다.

그러나 사회복지실천이 점차 의료모델의 영향을 받아 클라이언트의 문제 해결과 치료에 초점을 두고 발전해 온 것과 달리, 사례관리는 클라이언트의 욕구(need)에 초점을 두고 다양한 자원과 서비스를 효율적으로 연계하고, 사회복지사가 제공하는 기본적인 서비스로 자리 잡게 되었다(Magure, 2002; Woodside & McClam, 2006).

전통적인 사례관리의 개념과 최근의 사례관리 개념을 바탕으로 본 서에서는 사례관리를 한국사례관리학회에서 정의한 내용을 토대로 살펴보고자 한다(한국사례관리학회, 2014).

사례관리란 복합적이고 장기적인 욕구가 있는 클라이어트와 가족의 사회적 기능 회복을 위해 서비스 운영체계를 확립하고, 이를 기반으로 체계적 사정과 지역사회의 다양한 자원을 활용하여 지속적이고, 효과적인 사회복지서비스를 제공하는 통합적 실천 방법이다.

① **사례관리의 대상** : 복합적이고 장기적인 욕구를 가진 취약계층의 개인과 가족으로 3개월 이상의 장기적인 개입이 요구되는 복합적인 욕구를 지닌 클라이언트가 대상

② **사례관리의 궁극적 목적** : 클라이언트의 자립과 자활을 위한 사회기능의 회복과 역량 강화

③ **사례관리의 방법** : 상태체계 사정인 임상적 접근과 자원 개발, 연계라는 행정적 접근이 중시되는 방법

④ 사례관리는 개별 맞춤형 개입을 통해 개입의 효과성과 책임성을 중시

⑤ **사례관리 서비스 제공의 범위** : 사례관리자가 속한 기관의 범주를 넘어서 타 기관과의 서비스 연계가 중시되고, 지역사회의 인적·물적 자원을 개발하고 활용(공식적 자원과 비공식적 자원이 모두 중요함)

⑥ **서비스 방법** : 상담, 지원, 연계 등의 직접서비스 제공과 프로그램 개발, 옹호, 자원개발 등의 간접서비스가 통합적으로 제공

⑦ **사례관리 운영체계의 중요성** : 사례관리는 체계화된 운영체계를 통하여 다양한 전문체계에 의해 종합적으로 점검되고 관리되는 책임 있는 실천 방법

2) 사례관리의 목적

사례관리의 목적은 입장에 따라 달라질 수 있으나 우드사이드와 맥클램(Woodside & McClam, 2006)은 서비스의 통합, 보호의 연속성, 평등한 서비스의 제

공, 보호의 질, 클라이언트 역량 강화, 평가 등을 제시하고 있다.

(1) 클라이언트의 역량 강화

사례관리의 궁극적인 목적은 클라이언트가 사례관리자의 도움 없이도 자신이 원하는 삶을 살 수 있도록 하는 것으로, 클라이언트 자신이 원하는 자원을 얻을 수 있고, 사회관계를 회복하며, 자신의 생활을 관리할 수 있는 힘을 키우는 것을 의미한다.

(2) 보호의 연속성 보장

클라이언트의 욕구 충족을 위해 일정한 장소나 기간 동안 서비스를 지속적으로 제공하는 것으로 횡단적 · 종단적 차원으로 분류할 수 있다. 횡단적 차원의 연속성은 포괄적인 서비스를 제공하는 것이며, 종단적 차원의 연속성은 시간의 경과에 따라 변화하는 개인의 욕구에 반응하는 서비스를 지속적으로 제공해 주는 것이다.

(3) 서비스 통합성의 증진

복합적이고 변화하는 이용자의 욕구를 해결하기 위해 많은 기관의 서비스와 자원들이 연계되고 조정될 수 있는 통합관리체계가 확보되어야 한다.

(4) 서비스 접근성의 증진

서비스 접근성을 증진시키는 것은 서비스이용자의 적격성, 기준, 규정, 정책, 절차 등과 관련된 서비스의 접근에 대한 장해물을 극복하고 개인이 필요한 서비스에 쉽게 접근할 수 있도록 원조하는 것이다. 요구가 있는 클라이언트에게 인종, 종교, 성적 지향, 사회경제적 계급, 장애 여부 등과 상관없이 서비스에 접근할 수 있는 평등한 기회가 보장되어야 한다.

(5) 사회적 책임의 증진

사례관리 이용자의 욕구에 적합한 서비스와 한정된 자원으로 가장 많은 효과를 거둘 수 있는 효율적인 서비스를 제공해야 할 사회적 책임이 부여된다. 사례관리서비스의 효율성과 효과성을 담보하기 위해서 높은 전문성, 높은 수준의 보호, 지속적인 개선 등이 요구된다.

(6) 성과관리

서비스의 효과성과 효율성을 중시하는 사례관리는 성과관리를 중시한다. 성과는 사례관리의 목적과 관련된 결과를 주로 대상의 변화 목적의 구현 정도로 파악한다. 그러나 사례관리의 성과는 결과뿐 아니라 과정에 대한 평가와 과정의 질에 대한 평가도 중시되어야 한다.

2. 사례관리의 역사적 배경

사례관리는 1970년대부터 본격적으로 등장하게 된 실천양식이다. 오늘날 사회복지서비스 영역에서 사례관리 방법이 필요하게 된 이유는 무엇인가와 관련한 사례관리의 등장배경에 관해 구체적으로 살펴보면 다음과 같다.

1) 탈시설화 영향에 따른 지역사회 보호의 필요성

사례관리가 등장하게 된 직접적인 원인은 미국에서 1960년대부터 시작된 탈시설화 경향이다. 탈시설화는 정신장애인이 대규모 병원과 생활시설에서 벗어나 본래의 가정과 지역사회로 돌아오는 것을 의미한다(Moxley, 1989). 탈시설화의 영향으로 가정과 지역사회로 복귀한 정신질환자들은 그동안 지역사회를 기반으로 한 여러 가지 복지서비스가 개발되었음에도 불구하고 그들의 복합적인 욕구가 지역사회 내에서 잘 충족되지 못하였다. 지역사회의 의료 및 복지 관련

기관이나 단체의 서비스는 너무나 광범위하게 분산되어 있고, 단편화되어 있어서 클라이언트가 지속적으로 효과적인 서비스를 받기 어려웠다.

그래서 복잡하게 분산되어 있는 지역사회서비스를 통합하고, 클라이언트의 욕구에 부응하는 서비스를 연계하거나 개발하여 적절한 시기에 적합한 서비스를 받고 있는가를 점검하고 종합적으로 관리하는 사례관리가 필요하게 되었다. 따라서 탈시설화된 클라이언트를 지역사회 내에서 지속적으로 보호하고 관리할 수 있는 방법으로 대두된 실천 모델이 사례관리라고 하겠다(권진숙 · 박지영, 2009).

2) 복합적인 욕구를 갖는 인구의 증가와 서비스 전달의 단편성

1970년대 미국에서 사회복지서비스는 급속도로 팽창되었으나 오히려 서비스 전달체계는 복잡하고 단편화되어 조정되지 않은 채 중복적인 서비스가 제공되기도 하였다. 특히 이 시기에 개발된 서비스나 프로그램들은 아동, 청소년, 노인 등과 같은 연령집단별, 건강, 고용, 주택 등과 같은 문제 영역별로 관할 부서가 분화되어 복합적인 욕구를 갖는 클라이언트들은 다양한 서비스를 통합적으로 제공받기가 더욱 어렵게 되었다(Moxley, 1989; 한국사례관리학회, 2014). 이는 서비스 전달에서 기관의 책임성 문제와 서비스 중복과 낭비의 문제를 야기했는데, 그 결과 사례관리자는 지역사회에 거주하는 복합적인 욕구를 갖는 클라이언트에 대해 종합적이고 지속적인 서비스를 제공하는 데 관심을 가지는 것이 무엇보다 중요하게 되었다. 특히 지역사회의 단편적이고 분절적인 서비스를 조정하고 통합하는 것이 중요한 기능으로 자리 잡게 되었고, 그 과정에서 서비스 제공의 효과적인 접근방식으로 인정받게 되었다.

3) 지방분권화와 비용억제의 필요성

서구 복지국가와 미국에서 신보수주의 정부의 등장으로 사회복지에 대한 공공지출은 삭감되거나 축소되는 경향을 보이게 되었다. 정부 역할의 축소와 공공지출의 삭감은 기존의 보건과 복지정책에서도 새로운 방향 전환이 필요하게 되었고, 지방분권화와 더불어 강조된 것이 지역사회 보호였다. 이러한 지역사회 보호는 국가 부담의 일부를 민간 부문으로 이양할 수 있는 공식적인 근거로 작용하기도 하였다. 이러한 사회적 분위기 속에서 전문직에게도 전통적인 실천이 아닌 비용효과적인 지역사회 보호의 실천방법이 요구되었는데, 사례관리가 클라이언트를 위해 다양한 서비스를 계획하고 조정하고 통합하는 역할을 수행하기 때문에 서비스 전달에서 비용효과적인 실천 방법으로 인정되기 시작하였다. 그래서 초기 사례관리자는 준전문가나 비전문가에 의해서 수행되는 경우가 허다하였고 전문적 서비스보다는 지역사회 차원에서 서비스 연계와 조정에 역점을 두기도 하였다(한국사례관리학회, 2014).

4) 사회적 지원체계의 중요성과 통합적 실천 요구

복합적이고 다양한 욕구를 가지는 서비스 대상자의 증가와 더불어 복지 비용 억제를 위하여 공식적 서비스를 비공식적 서비스로 대체하고자 하는 흐름과 맞물려 사회적 지원체계의 중요성은 더욱 부각되었다. 사회적 지원체계가 클라이언트에게 중요한 영향을 미치지만 공식적 서비스와 조정이나 통합이 이루어지지 않을 경우의 역기능이 지적되었다. 따라서 이러한 공식적 서비스와 사회적 지원체계를 통합시키는 적절한 기제로 사례관리가 등장하였다

또한 1970년대는 미국에서 개별사회사업이 효과적이지 않다는 비판이 일어나자 사회복지학계와 실무계에서는 효과적인 실천 방법에 관한 연구에 관심을 두게 되었다. 그 결과 과제중심적 실천 방법과 더불어 정신장애인을 대상으로 한 새로운 실천 방법인 사례관리가 지속적으로 효과가 있는 방법임이 입증되었다. 따라서 사회복지실천에서 사례관리의 중요성이 점차 강조되고, 거의 모든 전문적인 교육에서 사례관리는 새로운 서비스 전달 방식 또는 실천 모델로 자리 잡게 되었다.

사례관리 효과성과 더불어 당시 미국 사회복지학계는 전통적인 실천 방법을 통합하는 통합방법론에 관한 관심과 연구가 활발했는데, 새롭게 등장하는 사례관리가 통합적 모델로 적절한 기제를 갖추고 있다고 판단하였다. 사례관리는 전통적인 개별사회사업의 상담, 치료, 정보 제공과 더불어 환경에서 개입하여 간접적 서비스를 포괄하고 있기에 환경 속의 인간을 기초로 한 미시적 실천과 거시적 실천을 망라하는 요소를 갖추고 있으며, 사회복지실천을 하나로 묶는 통합적 실천 방법으로 환영을 받게 되었다(한국사례관리학회, 2014).

3. 사례관리 과정

사례관리는 사례관리 실천의 목적을 달성하기 위해 수행하는 일련의 공통된 체계화된 과정을 갖는다. 즉, 초기과정, 사정, 계획, 조정, 전달과 모니터링, 평가의 과정을 수행하며, 이러한 과정은 체계화된 운영체계를 통하여 다양한 전문 체계에 의해 종합적으로 점검되고 관리가 되는 실천 방법이므로 시간적으로 전개되는 과정을 갖는다.

사례관리 과정은 분야와 학자에 따라 그 분류가 다양하게 논의될 수 있는데 여러 학자들이 제시한 사례관리 과정을 공통된 요소를 중심으로 살펴보면 ① 초기단계, ② 사정단계, ③ 계획단계, ④ 실행(및 점검) 단계, ⑤ 종결 및 평가단계와 같다. 이 과정은 다음의 |그림 5-1|과 같고 각각의 과정별 내용을 살펴보면 다음과 같다(권진숙 외, 2009; 한국사례관리학회, 2014).

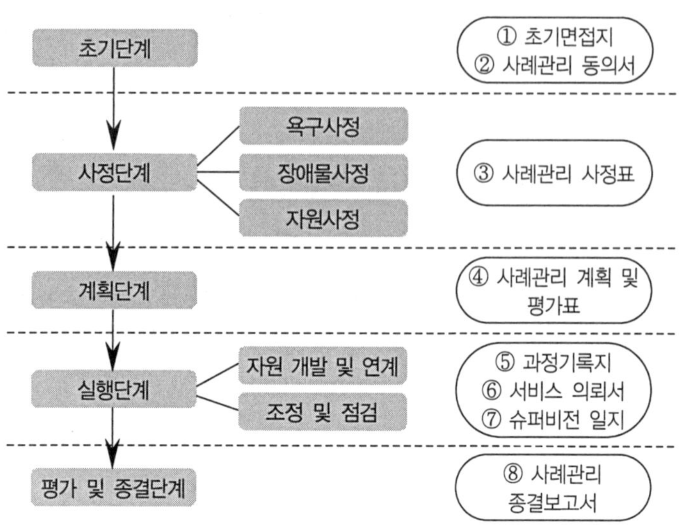

| 그림 5-1 | 사례관리의 과정

출처 : 한국사례관리학회(2014).

1) 초기단계

(1) 사례와 클라이언트의 확인 또는 발견

사람들은 다양한 방법을 통해 기관을 찾아오기도 하고, 기관에서 사례를 발굴해 내기도 한다. 이러한 다양한 과정을 통해서 사례관리팀에 접촉하게 되면 사례관리팀의 사례관리자가 초기 과정의 면접을 실시하게 된다.

(2) 심사, 접수 상담 및 등록

이 단계에서는 클라이언트의 문제가 무엇인지를 식별하고, 클라이언트가 서비스를 받을 자격이 있는지를 판단한다. 기관의 인테이크 담당자들은 클라이언트의 성명, 연령, 가족상태, 소득, 기타 사항을 참고로 하여 클라이언트의 서비스 수혜자격을 결정하는 과정을 거치게 된다. 초기면접 후 사례관리자는 클라이언트의 초기면접 정보를 분석하여 사정과 서비스계획을 수립한 후 사례관리팀이 주관하는 사례회의에 상정하게 된다. 만약 초기면접을 한 사례가 고위험이거나 지역 전문가들과의 논의 과정이 필요하다고 판단되는 경우 사례관리 네트워크가 참여하는 통합사례회의에 상정하게 된다. 통합사례회의에 상정된 사례가 보다 더 전문적인 개입과 논의가 필요하다고 판단될 경우 외부 솔루션 위원회에 상정하여 사례에 대한 개입과 지원 방안에 대한 자문을 구할 수 있다. 만약 사례회의 결과 상정된 클라이언트가 사례관리 대상으로 부적합하다고 판단될 경우 다른 기관으로 의뢰한다.

2) 사정단계

사정을 통해 개인, 부부 또는 가족으로부터 정보를 얻고, 충족되지 않은 현재의 시급한 욕구와 우선순위를 결정한다. 사정에서는 클라이언트와 그 가족이 제시한 문제 외에 신체적 · 인지적 · 사회적 및 정서적 욕구뿐만 아니라 재정적 · 환경적 욕구를 파악해야 한다. 이때 클라이언트는 문제를 어떻게 보고 있는지, 또한 문제해결에 대해 어떤 생각을 가지고 있는지를 파악하는 것도 중요하다.

이러한 사정은 고도의 기술을 가진 사례관리팀에 의해 수행되는 것이 바람직하다. 표준화된 도구를 사용하는 것 역시 중요하며, 종합적인 사정을 위해서는 다음 사항들을 포함해야 한다.

- 건강문제
- 일상생활활동(목욕, 쇼핑, 걷기 등)
- 인지적 기능(혼동, 기억장애, 방향감각 등)
- 현재 활용되는 서비스
- 수입과 재산
- 비공식적 지원체계
- 현재 거주 상태(어디에 누구와 함께)
- 의료보장

- 재정적 운영능력
- 안전(학대, 폭력 등)
- 의사들과의 접촉 상황(환자의 순응, 빈도, 접촉방식 등)
- 전반적 위기 정도

3) 계획단계

사정을 통해서 얻은 자료를 바탕으로 사례관리자는 적절한 서비스 유형, 시간, 지역사회기관과 가족 구성원이 취해야 할 역할 등을 구체화하는 계획을 수립한다. 이 단계에서 적절한 보호를 위한 계획은 사례관리의 핵심이 되기 때문에 그 계획에 대해 잘 알고 있어야 한다. 클라이언트를 위해서 장기간 서비스 계획을 제공하는 사례를 관리하는 경우 다음과 같은 기본 원칙을 지켜야 한다(조미숙 외, 2006).

첫째, 보호계획은 클라이언트의 기능을 포괄적으로 측정한 결과를 바탕으로 수립한다.

둘째, 대상자와 보호자를 계획과정에 참여시킨다.

셋째, 구체적 보호 기간을 정한다.

넷째, 공식적 서비스와 비공식적 서비스를 모두 계획한다.

다섯째, 비용을 의식하고 있어야 한다.

여섯째, 반드시 보고서를 작성한다.

이러한 보호계획을 수립하는 과정은 다음과 같다.

① 포괄적 문제 목록을 작성한다.

② 다루어야 할 문제 하나하나를 어떠한 상태로 변화시킬 것인지 목표를 정한다.

③ 바람직한 결과를 성취하기 위해 필요한 도움의 형태를 파악한다.

④ 도움제공자와 서비스 목록을 정한다.
⑤ 제공될 각 서비스의 양을 기록한다.
⑥ 서비스 비용을 지불해 줄 기관이나 단체를 기록하고 구체적 기간 동안 서비스를 제공하는 데 소요되는 비용을 계산한다.
⑦ 대상자와 보호자가 합의한 바를 기록한다.

4) 실행단계

실행단계는 서비스 조정 및 전달, 점검이 이루어지게 된다. 서비스 조정/전달은 계획 수립 단계에서 필요하다고 판단한 서비스들을 배열·정리하여, 서비스 제공자들로부터 서비스를 구입하고 클라이언트와 보호자를 서비스와 연결시켜 주는 것이다. 이때 사례관리자 또는 사례관리기관이 보유하고 있는 자원을 활용하기도 하지만 지역사회 내의 다양한 공적·사적 자원을 연계하도록 한다.

점검(모니터링)의 목적은 서비스가 적절한가, 서비스의 질이 높은가, 클라이언트의 욕구를 충족하고 있는가를 평가하는 것이다. 클라이언트와 그 가족에게 전화로 서비스 전달 상태를 점검하거나 직접 만나서 점검한다. 특히 사례관리자는 욕구의 변화를 판단하기 위해서 정기적인 재사정을 수행해야 한다. 사람들이 처해 있는 상황은 정태적인 것이 아니라 늘 변화가 예상되기 때문이다. 재사정은 보통 3개월 단위로 하는데, 이때 적극적으로 행동하는 것이 중요하다(권진숙 외, 2009).

5) 종결 및 평가단계

원조관계는 다양한 이유로 종결되며, 사례관리가 항상 마지막 단계까지 가지 않을 수도 있다. 클라이언트가 종결을 요청하거나 클라이언트가 사망하거나 이사를 가거나 상태가 개선되어 더 이상 서비스를 필요로 하지 않을 때 종료될 수 있다. 또한 서비스 제공기관의 문제 때문에 사례가 종료될 수 있고, 이 경우 클라이언트가 여전히 원조를 필요로 한다면, 다른 서비스와 연계할 수 있도록 최선을 다해야 한다. 따라서 사례관리에 대한 평가는 1년에 1회 이상 정기적으로 실시하는 것으로 하며, 평가 결과에 따라 의뢰, 사정 및 개입 계획 단계로 환류, 종결 등의 과정을 따르게 된다. 종결이 판정된 클라이언트의 경우 사례관리자는 개별적인 접촉을 통해 종결면담을 실시하고 사후관리에 대해 동의를 얻을 수 있도록 한다.

필요 지식 | 사회복지실천 관계론

1. 사회복지실천 관계의 의미

사회복지실천 관계론에서는 클라이언트와 사회복지사 사이의 전문적 관계를 다룬다. 사회복지실천에서의 관계는 클라이언트와 사회복지사 간의 정서적 교감을 기초로 이루어지는 관계로서 전문성, 의도적인 목적성, 시간제한성, 권위성 등의 특징이 포함된다.

사회복지실천에서 사회복지사와 클라이언트가 관계를 형성하는 목적은 클라이언트가 환경에 좀 더 잘 적응할 수 있도록 돕는 것이다. 이렇듯 사회복지실천에서 관계가 중요한 이유는 사회복지사와 클라이언트의 관계는 특별히 자발적인 클라이언트를 돕는 과정을 촉진하는 매개물이며, 관계의 질은 사회복지사의 영향, 개입에 대한 클라이언트의 수용 정도, 클라이언트를 돕는 과정의 최종 결과를 결정짓는다. 사회복지사와 맺은 원조관계는 많은 클라이언트에게 긍정적인 변화의 원인이 되며, 클라이언트는 긍정적인 관계에서 자기존중과 자신이 가치 있는 존재라는 느낌을 받게 된다. 지속적인 보살핌의 관계를 경험해 보지 못한 클라이언트에게는 사회복지사와 맺은 관계가 정서적 박탈에 대한 보상의 의미에서 교정역할을 하는 정서적 경험일 수 있다(박귀영 외, 2015).

2. 사회복지실천의 전문적 관계의 특성

사회복지사와 클라이언트 관계에서 가장 큰 특징은 클라이언트는 도움을 요청하고, 사회복지사는 전문적 도움을 제공하는 전문적인 관계라는 것이다. 사회복지실천의 전문적 관계는 다음과 같은 특성을 가지고 있다.

첫째, 의도적 목적성이다. 목적이란 클라이언트의 좀 더 나은 적응 및 문제해결을 위한 원조인데, 사회복지실천의 전문적 관계에서 클라이언트와 사회복지사는 서로 합의한 목적이 있다.

둘째, 시간제한적이다. 전문적 관계에서 클라이언트와 사회복지사는 구체적으로 한정된 기간을 갖고 관계를 맺는다. 목적이 달성되었거나 달성될 수 없다고 생각될 때 관계는 종결된다. 목표가 달성되면 특별한 관계는 끝을 맺게 되며, 관계의 활용이 원만히 이루어져야 시간제한성도 명확해질 수 있다.

셋째, 클라이언트에 대한 헌신이다. 사회복지사는 자신의 이익보다 클라이언트의 이익을 위해 자신을 헌신한다. 따라서 사회복지사는 타인의 욕구에 민감할 수 있도록 객관성과 자기인식에 기초한 관계를 형성한다.

넷째, 권위성이 있다. 사회복지사는 특화된 지식 및 기술, 그리고 전문직 윤리강령에서 비롯되는 권위를 지닌다.

다섯째, 통제적 관계이다. 객관성을 유지하고 자기 자신의 감정, 반응, 충동을 자각하고 그 책임을 진다는 의미에서 통제적 관계이다.

3. 사회복지실천 관계의 기본 원칙

비에스텍(Biestek, 1957)은 사회복지실천에서 관계를 사회복지사와 클라이언트 간의 감성과 태도의 역동적인 상호작용이라고 정의하였다. 그는 관계의 목적을 심리사회적인 욕구와 문제를 가진 클라이언트를 원조하는 것에 있다고 보았다. 따라서 이러한 기본적 감정이나 태도에 대한 관계론의 7대 원칙은 다음의 표와 같다.

〈표 5-1〉 감정이나 태도에 대한 관계 7대 원칙

<table>
<tr><th>7대 원칙</th><th>클라이언트의 욕구</th><th>사회복지사의 반응</th><th>클라이언트의 자각</th></tr>
<tr><td>개별화</td><td>개인으로 처우받고 싶은 욕구</td><td rowspan="7">사회복지사는 이러한 욕구를 이해하며 민감하고 적절히 반응해야 한다.</td><td rowspan="7">클라이언트는 사회복지사의 민감성과 이해와 반응을 자각한다.</td></tr>
<tr><td>의도적 감정 표현</td><td>감정을 표명하고 싶은 욕구</td></tr>
<tr><td>통제된 정서적 관여</td><td>문제에 대해 공감적 반응을 얻고 싶은 욕구</td></tr>
<tr><td>수용</td><td>가치 있는 인간으로서 인정받고 싶은 욕구</td></tr>
<tr><td>비심판적 태도</td><td>심판받지 않으려는 욕구</td></tr>
<tr><td>클라이언트의 자기 결정</td><td>스스로 선택하고 결정 내리고 싶은 욕구</td></tr>
<tr><td>비밀보장</td><td>자신의 비밀을 지켜주기를 바라는 욕구</td></tr>
</table>

출처 : 권구영 외(2008).

1) 개별화(Individualization)

모든 클라이언트는 개별적인 욕구를 가진 존재로 개별화되어야 한다는 것이다. 사회복지사가 클라이언트 개개인의 독특한 자질을 알고 이해하는 것이다. 인간은 모두 독립적인 개체이며, 불특정한 인간이 아니라 개별적 차이를 지닌 특정한 인간으로 처우되어야 한다. 따라서 개별화란 클라이언트 개개인의 독특한 특성을 알고 이해하는 일이며, 보다 나은 적응을 위한 도움을 제공할 때 클라이언트별로 다른 원리나 방법을 활용하는 것이다.

(1) 개별화에서 사회복지사의 역할

① 인간에 대한 편견이나 선입관에서 탈피하고, 인간행동 및 발달에 대한 지식을 가지고 활용할 수 있어야 한다.

② 클라이언트의 말과 행동에 대해서 자세하게 듣고 관찰할 수 있는 능력이 있어야 한다. 클라이언트의 상담 진행속도에 맞추어 진행해 나가는 능력을 갖춘다.

③ 클라이언트의 미묘한 감정을 통찰할 뿐 아니라 클라이언트의 개성과 상

황에 따라 원칙을 융통성 있게 적용한다.

(2) 개별화를 위한 수단

① 클라이언트의 성별, 직업 나이에 따라 면접시간을 조정
② 약속시간 준수
③ 면접을 위한 사전 준비 철저
④ 개별환경 등 비밀 존중
⑤ 융통성 있는 원조

2) 의도적 감정표현(Purposive expression of feeling)

의도적 감정표현은 사회복지사가 클라이언트의 감정 표현 욕구를 충분히 인식하여 자신의 감정을 자유롭게 표현하도록 도와주는 것을 의미한다. 여기에는 클라이언트 감정 중에서도 특히 부정적인 감정을 자유롭게 표현하고자 하는 욕구가 있음을 인식하고 이를 위해 클라이언트를 격려하고 촉진시킨다. 그 결과 클라이언트는 스트레스가 긴장이 완화되어 문제를 분명하고 객관적으로 보게 된다.

(1) 의도적인 감정표현의 장애요인

① 비현실적인 보장
② 성급한 초기의 해석과 너무 많은 해석
③ 클라이언트의 감정 표현에 대한 비난
④ 의도적 감정표현에서 사회복지사의 역할
⑤ 클라이언트가 편안함을 느끼도록 긴장되어 있으면 안 됨
⑥ 물리적 환경도 편안함을 느낄 수 있도록 배려
⑦ 클라이언트를 면접할 때 시간적·정신적으로 여유를 가지고 있어야 함
⑧ 클라이언트의 감정을 표현하도록 격려

⑨ 면접 진행 시 클라이언트의 속도를 민감하게 인식
⑩ 클라이언트가 자유롭고 안전한 분위기 속에서 표현할 수 있도록 편안한 분위기를 만들어야 함

3) 통제된 정서적 관여(Controlled emotional response)

통제된 정서적 관여란 클라이언트의 감정에 민감성을 가지며, 그 의미에 대해 이해하고, 클라이언트 감정에 대한 의도적이고 적절한 반응을 하는 것이다. 클라이언트의 감정에 대한 사회복지사의 민감성, 이에 대한 감정이입적 이해, 적절한 반응으로 이루어지며, 원소 목적에 맞게 통제·조정되어야 한다.

(1) 통제된 정서적 관여의 구성요소

① 클라이언트 감정에 대한 사회복지사의 민감성
② 클라이언트의 감정에 대한 것으로 클라이언트가 갖는 감정의 의미를 이해(인간행동의 지식인 심리학, 정신의학, 기타 사회과학은 감정을 의미를 이해하는 데 필수적)
③ 클라이언트의 감정에 대한 의도적이고 적절한 반응

4) 수용(Acceptance)

수용이란 클라이언트의 장점과 약점, 혹은 단점 등을 포함하여 있는 그대로의 모습을 이해하고 다루어 나가는 행동의 특징을 말한다. 클라이언트가 불평하고 부당한 요청을 하는 등 자신을 어떠한 모양으로 표현하더라도 그것을 비판하지 않는 것이다. 이는 사회복지사의 인내심 경청하려는 의지 등을 통해서 나타난다. 수용의 대상은 좋은 것(good)이 아니라 있는 그대로의 것(real)이며, 수용의 목적은 치료적인 것에 있다. 클라이언트의 장점과 약점, 바람직한 성격과 그렇지 못한 성격, 긍정적인 감정과 부정적인 감정 등을 다 포함하여 있는 그대

로 인정하고 존중해 주어야 하며, 그 결과 클라이언트는 수용받는 경험을 통하여 그대로의 자신을 표현하고 안정감을 느낀다. 클라이언트가 바람직하지 않은 방어를 하지 않도록 해서 그가 자신을 드러내고 자신을 있는 그대로 보고 자신의 문제를 더욱 현실적으로 다룰 수 있게 한다.

(1) 수용의 장애요인

① 인간 행동양식에 관한 불충분한 지식(심리・정신의학적 지식 필요)
② 사회복지사 자신에 관한 불충분한 이해(부정적 시각에 감정처리가 곤란하면 돕지 못함)
③ 사회복지사 자신의 감정을 클라이언트에게 주입
④ 편견과 선입견을 가지는 것
⑤ 보증되지 않은 재보증을 하는 것(현실과 미래를 보장할 수 없는데도 불구하고 말로만 하는 것은 금물)
⑥ 수용과 승인 간의 혼돈(클라이언트의 결점, 잘못 등을 묵인하거나 승인하는 것은 아님)
⑦ 클라이언트에 대한 존경심의 상실
⑧ 과잉동일시 : 너무 지나친 감정이입

5) 비심판적 태도(Non-judgemental attitude)

비심판적 태도는 문제의 원인이 클라이언트의 잘못인지 아닌지, 혹은 클라이언트에게 책임이 있는지 등을 심판하지 않고, 클라이언트의 특성 및 가치관을 비난하지 않는다는 원칙이다. 클라이언트는 대체로 사회복지사의 비판적 판단에 두려워한다. 특히 죄책감, 열등감, 고독감이 있는 클라이언트는 극도로 민감하므로 사회복지사의 심판적 태도는 관계 수립에 장애가 된다.

사회복지사의 비심판적 태도는 클라이언트의 억압된 감정을 풀어주어 클라이언트는 자신에게 충실해지며 분열된 자아를 재통합하려는 건설적인 힘이 강화된다. 사회복지사는 클라이언트의 행동, 태도, 가치표준 등을 개관적으로 평가해야 하는데 이는 판단하기 위함이 아니라 이해하기 위함이다.

(1) 비심판적 태도의 장애요인

① 편견이나 선입견
② 성급한 확신
③ 다른 사람과의 비교, 또는 유형화하려는 태도
④ 사회복지사에 대한 적개심 같은 클라이언트의 부정적인 감정표현

6) 클라이언트의 자기결정

사회복지실천 과정에서 클라이언트의 자기선택과 결정을 내릴 수 있는 권리와 욕구를 인식하여 클라이언트가 모든 의사결정 과정에 참여하여 스스로 선택하고 결정하는 자유를 누리게 하는 것이다.

(1) 클라이언트의 자기결정에서 사회복지사의 역할

① 클라이언트가 자기수용할 수 있도록 원조
② 클라이언트에게 적당한 사회적 자원을 알게 함
③ 클라이언트가 자기 문제를 스스로 해결하도록 하며 인격적 성장을 할 수 있는 분위기를 만들어 줌
④ 정보나 조언을 줄 수 있지만 최종 결정은 클라이언트가 하도록 함
⑤ 직·간접적으로 조종하거나 강제적으로 설득해서는 안 됨
⑥ 클라이언트가 직면한 문제 해결을 위한 다양한 대안을 알아야 함
⑦ 주요 문제해결자는 사회복지사가 아니라 클라이언트임을 강조해야 함

(2) 자기결정의 한계

① 클라이언트의 신체적·정신적 능력의 한계(예 아동, 치매, 정신질환 등)

② 법률에 의한 제한
③ 도덕에 의한 제한
④ 기관의 기능에 의한 제한

7) 비밀보장(Confidentiality)

사회복지실천 관계에서 비밀보장은 클라이언트가 전문적 관계에서 노출한 정보를 사회복지사가 전문적 치료 목적 외에 타인에게 알려서는 안 된다는 원칙이다. 사회복지실천의 가장 기본적인 원칙이며, 사회복지사의 윤리적 의무이다. 그러나 비밀보장은 절대적인 것은 아니고 상대적인 상황이 있다.

(1) 비밀보장의 한계

① **클라이언트 자신의 내부에 있는 갈등** : 그 비밀을 보존함으로써 그의 다른 권리와 의무를 실현할 수 없는 경우
② **타인의 권리와의 갈등** : 비밀을 지킴으로써 타인의 권리를 침해하게 될 경우
③ **사회복지사의 권리와의 갈등** : 비밀을 지킴으로써 사회복지사 자신의 개인적 권리의 상실을 의미하는 경우
④ **사회복지기관의 권리와 갈등** : 비밀을 지킴으로써 기관은 그 자체의 목적, 권리, 의무에 반대되는 행동을 하도록 강요될 경우
⑤ **전체로서의 사회의 권리와의 갈등** : 개인의 이익과 공공의 이익 간의 갈등
⑥ 다중의 문제에 대한 적절한 서비스 전달을 위해 기관 내외의 다른 전문가와 필요한 정보를 공유할 수밖에 없음
⑦ **생명 존중** : 생명위협, 자살, 살해 등 생명이 우선
⑧ 현행 법적으로 사회복지사와 클라이언트 관계에서 모든 정보에 대해 비밀보장의 권한을 가지고 있지 않음

4. 관계형성의 장애요인

1) 사회복지사에 대한 클라이언트의 불신

사회복지사에 대해 클라이언트가 불신하는 것은 대부분 과거의 경험에 기인한다. 사회복지사를 신뢰하지 않는 클라이언트를 만나면 사회복지사는 인내하고 참아야 한다. 신뢰와 긍정적 관계를 성립하기 전에 자기를 드러내게 하는 것은 클라이언트를 소원하게 하거나, 사회복지사를 시험하는 기간을 더 길게 하거나, 클라이언트가 관계 중단을 재촉하는 결과를 가져온다. 이러한 클라이언트 중 많은 이들이 절박하게 도움이 필요하며, 약속을 제대로 지키지 않는 것은 동기가 부족하기보다 회피하는 경향임을 인식하는 것이 중요하다.

2) 전 이

사회복지사에 대한 비현실적인 인식과 반응을 전이(transference)라고 한다. 클라이언트가 다른 사람과 과거의 경험에서 비롯된 소망, 두려움, 그리고 다른 감정을 사회복지사에게 보이는 것이다.

이때는 클라이언트의 반응이 비현실적임을 지적하고 사회복지사에 대한 현실적인 관점을 갖도록 도와야 한다. 사회복지사에 대한 감정을 과거에 다른 사람에게도 느낀 적이 있는지 알아보고 그 근원에 대해 클라이언트가 깨닫도록 도와준다.

3) 역전이

전이와는 반대로 사회복지사가 클라이언트를 마치 자신의 과거 어떤 시점의 인물이나 관계로 느끼고 무의식적으로 그렇게 반응하는 것이다. 역전이(counter transference)는 왜곡된 인식과 감추어진 부분, 소망과 치료를 방해하는 감정반응과 행동을 만들어 내면서 관계를 악화시킨다. 역전이로 인해 관계를 지속할 수 없을 경우에는 클라이언트에게 사회복지사 자신의 문제로 인해 관계를 지속할 수 없음을 알리고 다른 사회복지사에게 의뢰하도록 한다.

4) 저 항

사회복지사가 원하는 방향과 반대되는 클라이언트의 행동으로 사회복지사와 클라이언트의 관계에서 변화를 방해하는 힘을 저항(resistance)이라고 한다. 저항은 마음을 터놓고 논의하지 않고, 고의적이든 아니든 변화 노력을 방해하고, 주저하는 것, 중지하는 것, 치료적 작업과정을 방해하는 행동이나 태도 등이 해당된다. 저항은 갈등 → 방어 → 해결 → 통합 순으로 진행된다.

저항의 유형은 침묵, 주제와 관련 없는 이야기 하는 것, 비관적이고 무력한 태도를 보이는 것, 문제를 축소하거나 마술적 해법을 기대하는 것, 지각하거나 면담에 오지 않는 것, 면담 중 딴짓하면서 산만한 행동을 하는 것 등이다.

저항이 변화로의 진전을 심각하게 방해할 경우만 다루는 것이 바람직하고, 저항의 저변에 있는 현재의 감정에 초점을 둔다. 클라이언트가 익숙하지 못한 상황에 직면하거나 압도될 때 경험하는 염려와 두려움 등에 대해서 클라이언트의 두려움을 탐색하고 시범과 역할극을 통해 상황에 익숙해지도록 돕는다.

학습 2 클라이언트의 일반적 상황 파악하기

필요 지식 | 사례관리 실천과정의 초기단계

1. 초기단계에 대한 이해

1) 초기면접의 의미와 중요성

- 사례관리 초기단계에서 수행하는 과업
  - 다양한 통로를 거쳐 의뢰된 클라이언트와의 신뢰 관계 형성
  - 클라이언트가 당면한 상황을 이해하는 데 필요한 정보수집
  - 사례관리리 대상자 여부에 대한 판정
- 초기면접을 실시하여 그 결과로 초기면접지 작성
- 초기면접의 주요 업무는 본격적인 사정(assessment)의 전 단계로, 클라이언트와 그 가족이 당면한 문제와 욕구를 대략적으로 파악하여 사례관리의 대상자 적격 여부를 심사
- 위기상황을 제외하고는 초기면접과 사정은 단계적 차이가 있음
  - 초기면접 : 클라이언트 대략적 욕구 파악하여 사례관리 대상이 되는지를 잠정적으로 판단
  - 사정단계 : 그 욕구를 정확하게 파악하여 사례관리 유형별 대상자 여부를 확정
  - 그러나 사실상 초기면접과 사정은 동시에 이루어질 수 있음
- 대략적인 문제와 욕구 파악하기 위해 사례관리자는 클라이언트의 상황에 대한 기본적 정보수집과 함께 가계도와 상태도를 그림
- 초기과정을 잘 이끌기 위해서는 사례관리자가 클라이언트를 상담하고 정

보를 수집하는 기술을 잘 알아야 함
- 면접에서 클라이언트와 주변인이 진술하는 내용 중 주요 문제나 욕구와 관련된 사항은 가능한 한 그들이 진술한 내용 그대로 기록하는 것이 좋음
- 사례관리 대상자 판정은 일차적으로 초기면접을 진행한 사람의 의견을 토대로 하여 가능한 한 사례회의를 통해 결정하는 것이 좋음

2) 서비스에 대한 동의와 계약

- 잠정적으로 사례관리 대상자로 선정한 후 사례관리 서비스를 설명하고, 사례관리 전체과정에 참여할 것을 권유하며, 필요한 동의와 계약절차를 수행함
- 동의 및 계약이 중요한 이유는 서비스 성과 및 결과에 대한 클라이언트의 책임을 강조하고, 사례관리자와 주변인의 일방적인 도움 제공이 아니라 대상자의 노력과 주체적 참여가 전제되어야 하는 협력적 실천임을 인식하게 하기 때문에 중요함
- 실천의 윤리적 측면을 고려하여 동의나 계약은 충분한 정보제공 및 합리적인 설명, 그리고 자발성에 기초한 사전 동의 형태로 이루어지는 것이 바람직
- 대상자(혹은 후견인)가 직접 참여하여 서비스 동의서를 작성
- 사례관리 서비스 계약의 기본 단위는 1년으로 함

3) 초기면접을 위한 주요 정보 수집 가이드[1)]

초기 면접에서 살펴보아야 할 내용은 다음의 같은 내용으로 구성될 수 있고, 이 과정에서 초기면접자의 과업은 클라이언트에 대한 다양한 정보를 수집하여

---

1) 사회복지사례관리 인테이크 NCS 학습모듈(교육부, 2015) 및 읍면동 맞춤형 복지 업무매뉴얼(보건복지부, 2017)의 초기상담 질문예시를 참고로 하여 재구성함

기관의 사례관리 대상으로서의 적합성을 판정하는 것이고, 이러한 내용들을 초기면접지에 작성하게 된다.

(1) 건강(신체, 정신 포함)과 관련한 주요 정보 수집 내용

① 현재 겪고 있는 신체적 손상 또는 어려움은 구체적으로 무엇인가?
② 장애를 가지고 있다면 원인은 무엇인가?
③ 클라이언트가 장애를 입은 지 어느 정도 되었는가?
④ 장애와 관련된 치료를 받은 적이 있는가?
⑤ 클라이언트의 신체 상태가 최근에 더 악화되었는가?
⑥ 클라이언트는 지금 신체 상태와 관련된 치료를 받고 있는가?
⑦ 클라이언트에게 잠재적 부정적 효과를 중재하기 위한 개입이 이루어지고 있는가?
⑧ 클라이언트의 신체적·정신적 질환으로 인해 일상생활, 사회생활 등에 어려움이 있는가?
⑨ 신체적·정신적 질환 등으로 약물관리를 하고 있는가?
⑩ 클라이언트나 가족이 지난 6개월간 자살을 시도한 적이 있는가?

(2) 심리사회적 요소의 주요 정보 수집 내용

① 개인적응

- 클라이언트의 심리사회적 적응을 판단할 수 있는 최근 검사 자료가 있는가?
- 클라이언트가 현재 심리사회적 서비스를 받을 수 있는 기관이나 전문가가 있는가?
- 클라이언트는 적응 문제 때문에 전문적 치료를 받은 적이 있는가?
- 안정제나 수면제를 복용한 적이 있는가?

② 가족-친구 관계

- 클라이언트의 결혼 여부 및 상태는 어떠한가?
- 가족과 함께 살고 있는가?
- 클라이언트는 자신의 가정환경을 어떻게 느끼는가?
- 가족관계는 어떠하며, 가족과 어떻게 지내고 있는가?
- 가까운 친구가 있는가?
- 자신의 사회생활에 만족하는가?
- 자신의 일상생활을 어떻게 지내고 있으며, 어려움이 있는가?

③ 교육/직업 관련

- 클라이언트의 학교는 어느 정도 떨어져 있는가?
- 클라이언트나 그의 가족이 학교생활이나 학업유지에 어려움이 있는가?
- 왜 학교를 그만두었는가?
- 클라이언트는 직업을 얻기 위해 훈련을 받고 있는가?
- 클라이언트의 최근 직업은 무엇인가?
- 직업에서 급여, 고용기간, 잘 수행한 일과 그렇지 못한 일, 가장 좋아했던 일과 싫어했던 일과 이유, 일을 그만두게 된 이유는 무엇인가?
- 현재 클라이언트가 직업 유지가 어려운 이유는 무엇인가?
- 현재 일을 하고 있는가? 일을 하고 있다면 얼마나 되었는가?

④ 경제적 요소

- 클라이언트의 주요 수입원과 부수적 수입원은 무엇인가?
- 기초생활 유지에 어려움이 있는가? 있다면 어떤 부분인가?(의식주, 교육비, 의료비, 집세, 퇴거위험, 난방, 공과금 등)
- 클라이언트가 금전관리나 빚 때문에 어려움이 있는가?
- 치료비용과 같은 고정된 생활비용은 무엇인가?

- 클라이언트는 수당이나 연금을 지급받고 있는가?
- 클라이언트는 의료보험이 있는가?
- 클라이언트는 자신의 경제적 상황에 대해 걱정하고 있는가?

(3) 물리환경적 요소의 주요 정보 수집 내용

① 주거나 주거환경이 클라이언트나 그 가족의 안전과 건강에 해를 끼치는가?
② 주거환경 문제로 클라이언트나 가족이 이웃과 갈등을 유발하고 있는가?

2. 초기단계의 관계형성 기술[2)]

여러분들이 사례관리자로서 클라이언트를 처음 만나 인테이크를 하는 자리에 있다고 가정하자. 어떤 기술을 활용할 수 있을까? 좋은 관계를 맺기 위해서 어떻게 해야 할까?

1) 사례관리자 소개하기

사례관리자가 먼저 자신과 기관을 소개하고, 접수면접이란 어떤 것이며, 어떻게 진행되는지를 알려준다. 이때 설명을 너무 간단하게 혹은 장황하게 하면 이해하기 힘들다. 가능한 명료하면서 받아들이기 쉽게 전달한다. 그리고 질문의 기회를 주어 알고 싶은 부분을 추가로 설명한다. 사례관리자는 자신을 소개할 때 클라이언트의 상태 및 이해수준을 고려하되, 사례관리자로서의 기본 역할과 관련 경험을 알려주어 클라이언트가 믿음과 기대를 갖고 면담에 응할 수 있도록 분위기를 조성한다.

2) 박미은(2015)의 『사회복지사를 위한 사례관리』를 참고하여 작성하였다.

2) 충분히 경청하기

사례관리자가 여러 질문을 통해 정보를 요청한 후에는 진지하면서도 공감어린 경청이 필요하다. 한 가지 유익한 방법은 '강점관점에 기초한 경청기술'을 적용해 보는 것이다. 이것은 클라이언트가 하는 이야기의 리듬과 패턴에 최대한 주의하면서 그 이야기를 잘 듣는 것이며, 클라이언트가 말하는 사건들을 함께 공유하면서 이를 어떤 전체적인 맥락 속에서 바라보도록 해주는 방식이다. 중요한 것은 희망과 용기의 신호를 어떻게 찾아낼 것인지 그리고 그런 가운데 그 신호들을 강화하는 방식으로 그것들에 어떻게 이름을 붙일 것인가 하는 것이다. 클라이언트의 호소와 바람, 어려움에 귀를 기울이되, 문제 뒤에 가려진 강점, 장점에도 함께 귀를 기울이는 노력이 필요하다.

3) 적절하게 반응하기

반응은 클라이언트의 진술(호소)을 충분히 들으면서 추가적인 확인이 필요하거나 혹은 이해와 수용, 그리고 공감하는 감정과 내용을 전달하는 사례관리자의 피드백이다. 특히 초기단계에서는 사례관리자가 클라이언트를 충분히 이해하고 경청하고 있다는 표시로 반응을 하는 것이 좋다. 클라이언트가 했던 말을 반복하거나 강조하는 것, 요약이나 정리, 대화를 촉진하는 진술과 질문 등을 통해 상황에 맞는 반응을 할 수 있다.

4) 부정적인 감정 다루기

사례관리자를 처음 만나는 클라리언트는 여러 가지 낯선 상황으로 인해 불안한 마음을 갖게 된다. 처음 보는 사람에게 자신을 노출하고 도움을 요청한다는 것은 한편으로는 기대와 희망을 갖게 하지만 다른 한편으로는 부끄럽고 빨리 피하고 싶은 마음을 불러일으킨다. 자신의 상황이 과연 달라질 수 있을까에 대한 양가감정과 혼란스러움도 있다. 따라서 사례관리자는 클라이언트가 갖는 이러한 복잡하고 부정적인 감정을 잘 다루어 주어 초기저항을 줄이고 정서적 안정을 통해 그 다음 단계로 진행될 수 있는 우호적인 여건을 만들어야 한다.

5) 참여를 촉진하기

사례관리에서 초기단계는 클라이언트와의 관계형성과 더불어 정보수집(스크리닝)을 통해 사례관리대상자를 판정한다. 대상자로 판정이 되면 사례관리서비스에 대한 동의서를 받고 본격적인 사정단계로 넘어간다. 이때 클라이언트는 자칫 사례관리자에게 모든 것을 맡기고 수동적이고 의존적인 상태에 머무를 수 있다. 이런 점을 극복하기 위해서 사례관리자는 초기단계부터 클라이언트의 주체적인 참여가 얼마나 중요하고 어떻게 참여할 수 있는지 자세히 안내하고 격려해야 한다. 사례관리자는 클라이언트와 동등한 협력적 관계를 맺고, 시간이 다소 걸려도 자발적인 선택 및 의사결정을 중시하고, 매사 함께 의논하고 고민하면서 가능한 한 주도적으로 참여하도록 촉진할 필요가 있다.

수행하기 | **사례관리 초기면접지를 활용하여 클라이언트 상황 조사하기**

1. 초기면접지 작성법[3)]

클라이언트와 초기 접촉이 이루어지면, 사례관리자는 클라이언트가 어떤 상황에 처해 있는지, 어떤 다양한 문제를 가지고 있는지 욕구는 무엇인지 등을 파악하기 위해 면접하며, 초기면접지를 작성한다. 초기면접지는 기관의 특성에 따라 조금씩 차이를 보이나 통상적으로 다음과 같은 내용이 포함된다.

- **클라이언트의 기본 정보** : 이름, 나이, 주민등록번호, 거주지, 건강상태, 및 면접 경로 등을 파악
- **후견인** : 친족 외에 클라이언트를 보호하거나 근거지 지원체계가 되고 있는 사람으로 법적 후견인 자격이 반드시 필요하지는 않다.
- **장애 유형 및 등급** : 법적 장애인으로 등록된 경우 유형과 등급을 표시한다.
- **가족사항** : 가족원과 현재 동거인을 포함하여 기록한다.
- **도움 요청 내용** : 클라이언트가 진술하는 어려움과 도움의 내용을 진술문의 원형 그대로 기록하는 것을 원칙으로 한다. 후견인 또는 의뢰인으로부터 유의미한 요청이 있을 경우 기록하며, 이때 누구의 진술인지 반드시 함께 기록하여야 한다.
- **내·외적 장애물** : 도움 요청 내용과 관련한 내·외적 장애물을 기록한다. 진술문의 원형대로 기록하는 것이 좋다.
- **면접자 평가** : 면접자는 클라이언트의 진술과 조사된 객관적 정보를 중심으로 사례관리서비스 제공 여부 및 위험도에 대한 사정을 실시한 후 평가란에 기록한다.

3) 한국사례관리학회(2014)를 참고하여 작성하였다.

- **대상 판정** : 본 기관의 사례관리서비스 대상으로 적합한지 그렇지 않은지를 판정한다. 본 양식에서는 먼저 대상과 비대상으로 사례 유형을 분류하였다. 사례관리서비스 대상으로 판정된 경우 클라이언트의 도움 요청 내용에 따라 긴급 개입 및 일반 개입 여부를 판정하여 긴급개입이 필요한 경우 사례관리자 배정과 사정 및 개입이 신속히 진행될 수 있도록 처리한다. 사례관리서비스 비대상으로 판정된 경우 타 기관의 서비스에 대한 정보를 제공하거나 의뢰하여야 한다. 이 단계에서 실행되는 의뢰는 서비스 의뢰서를 사용하지 않아도 되며, 구체적인 대상기관과 담당자에게 직접 연결하는 것을 의미한다.

초기면접지

접수번호		일시	
면접자		장소	□ 가정 □ 내방 □ 전화 □ 지역사회 기관( )
면접참여자			
면접경로	□ 본인요청( ) □ 사례관리자의 발굴 □ 기관내부 의뢰( ) □ 타 기관 의뢰( ) □ 주민 의뢰( ) □ 기타( )		
상담장소	□ 가정 □ 내방 □ 전화 □ 지역사회 기관( )		

대상자		주민번호	
주소		전화번호	
후견인	성명 : (관계)	전화번호	
장애유형/급		건강상태	□ 양호 □ 질환( )
보호구분	□ 수급 □ 조건부수급 □ 저소득/차상위 □ 기타(의료보호/영유아보육료지원, 보훈 등)		
주거상태	□ 자택 □ 전세 □ 월세 □ 영구임대 □ 기타( )		

가족사항	관계	성명	나이	직업	결혼상태	동거여부	연락처	기타
대상자의 진술 (도움요청 내용)								
면접자평가								
	대상판정	□ 대상(긴급/일반) □ 비대상(정보제공/연계( )						

|그림 5-2| 초기면접지 기록양식

출처 : 한국사례관리학회(2014).

2. 사례관리 동의서 작성

초기면접을 통해 서비스 대상자로 판단된 경우 사례관리자는 사례관리 서비스의 과정 및 내용에 대해 설명하고 동의서를 작성한다. 사례관리 동의서 작성이 중요한 이유는 첫째, 사례관리 과정에서 클라이언트의 문제해결이나 변화, 욕구충족은 클라이언트의 자발적인 참여나 변화 노력 없이는 실제적인 변화를 이끌어 내지 못하기 때문이다. 둘째, 사례관리 과정에서 클라이언트도 제공되는 자원을 받거나 이용하는 데에 많은 에너지와 노력을 투입하여야 하기 때문에 이에 대한 내용을 분명히 하는 것이 바람직하다. 셋째, 클라이언트나 사례관리 서비스를 국가나 사회복지기관으로부터 일방적 혹은 소극적으로 받는 과정으로만 이해하게 된다면, 사례관리의 효과를 담보할 수 없다. 따라서 사례관리가 기관 및 사례관리자가 사례관리 클라이언트와 함께 노력하는 과정이며, 클라이언트의 노력을 지원하기 위한 과정임을 분명히 할 필요가 있다.

따라서 사례관리자는 클라이언트 또는 후견인에게 동의서의 내용을 설명하고 충분한 이해가 되었다고 생각되면 이름을 기록하고 직접 서명하도록 안내한다. 문서화된 동의서는 기관장과 클라이언트가 각각 서명하며 기관과 클라이언트(또는 후견인)가 각각 1부씩 보관한다(한국사례관리학회, 2014).

사례관리 동의서

- 본 사회복지(기)관의 사업 및 사례관리서비스에 대해 설명해드리겠습니다.
- 본 사회복지(기)관은 귀하의 사회복지 요구를 해결하기 위해 최선의 사례관리서비스를 제공하도록 노력하겠습니다.
- 아래의 목적 이외에 귀하의 개인적인 정보가 노출되지 않도록 하겠습니다.

○○사회복지(기)관장 (인)

본인은 귀 ○○사회복지(기)관에 관한 소개와 사례관리서비스의 과정 및 내용에 대한 설명을 충분히 듣고 이해했습니다...( )

- 본 동의서 작성일로부터 귀 복지(기)관에서 제공하는 사례관리 서비스를 제공받는 것에 동의합니다..( )
- 사례관리서비스를 위해 필요한 정보를 제공하는 등 제반 활동에 함께 참여하겠습니다 ....( )
- 본인과 관련된 정보가 서비스의 질적 향상과 전문가 양성을 위한 교육 및 학문적 목적을 위해서 사용되는 것에 동의합니다..( )

20 년 월 일

성명 : (인)

후견인 : /관계 : (인)

| 그림 5-3 | 사례관리 동의서 기록양식

출처 : 한국사례관리학회(2014).

■ 실전연습

☞ 두 사람이 한 조를 이루도록 한다. 아래와 같은 설정으로 A는 사회복지사, B는 클라이언트로 실제 인테이크 면접을 실시해본다.

- 클라이언트 : 접수면접 소감은 어떠한가? 사회복지사의 면접이 적절하였는가?
- 사회복지사 : 인테이크 면접 소감은 어떠한가? 적절하게 면접이 이루어졌는가?

(가상사례) 김 별 사례

* **클라이언트(가명 : 김 별)**는 긴급지원대상 가정 아동으로 ○○사회복지관의 의뢰로 ○○드림스타트센터에 등록하고, 아동을 대상으로 사례관리를 실시하게 되었다.

ct는 8세 여아로 긴급지원대상 가정 아동이다. 사회복지관 의뢰로 센터에 등록하게 되었다. 가족으로는 어머니, 아버지가 있으며, 어머니는 현재 임신 중이다. ct아버지는 정신적인 문제로 정신과 외래치료를 받고 있으며, 계부이다. 클라이언트 어머니와 친아버지는 고등학교 시절 만나서 클라이언트를 낳고 혼인신고를 하였으나 클라이언트 친부의 외도와 폭력을 견디다 못해 이혼하였다. 이후 클라이언트 어머니는 클라이언트를 외가에 맡기고 미용일을 하면서 떨어져 지냈다고 한다. 2년 전 현재 클라이언트 계부를 만나 결혼하였다. 클라이언트는 친아버지의 존재를 모르고 있으며, 현재 아버지를 친부로 알고 있다. 아동은 취학연령에 도래하였으나 주거가 일정하지 않다. 부모는 얼마 전까지 모텔의 쪽방에서 지냈고, 아동은 외조부가 주로 돌보아 왔다. 부모는 일정한 주거지 없이 지내다가 최근 기초생활 수급을 위해서는 주소지가 있어야 했기 때문에 월 10만 원짜리 월세방을 아동 외조부 집 근처에 구한 상황이다. 이 집은 난방시설이나 온수공급이 전혀 이루어지지 않는 아주 열악한 단칸방이다. 아동의 외조부(61세)와 외조모(58세)도 현재 이혼한 상태이나 근처에 거주하고 있으며, 아동의 양육을 위해서 서로 도움을 주고받고 있다. 외조부는 일용직 일을 하고 있으며, 외조모도 식당에서 일하고 있다. 클라이언트 어머니는 23세로 치아우식증을 앓고 있고, 경제적인 문제로 교정을 중단하였는데 여전히 치아교정기를 장착하고 있다. 클라이언트 아버지는 34세로 술자리에서 싸움에 잘 휩쓸리며, 기분에 장애가 있다. 아동에 대한 관심과 애정은 있으나 자신의 의견대로 되지 않으면 수시로 폭언과 위협적인 행동을 보이고 있다. 클라이언트의 외조부는 현재 아동의 주 양육자로 아동의 모가 중학생 때 이혼을 하였다. 아동을 잘 돌보고 있으나 식사공급이나 교육문제로 인해 어려움을 겪고 있다. 말이 없으며, 표정이 늘 굳어 있다. 클라이언트는 초등학교 1학년으로, 말이 없고 내성적이며, 표현력이 서툴고, 눈치를 많이 보며, 잘 우는 편으로 자존감이 매우 낮다. 선천성 치아우식증, 성대비대, 알레르기 비염을 앓고 있다. 어머니가 자신을 버리고 떠나갈 것에 대한 두려움이 매우 많고, 어머니 옆에서 떨어지려고 하지 않는다. 또래 친구들과 함께 지내는 시간이 거의 없으며, 가정에서 클라이언트를 위한 환경이 전혀 마련되어 있지 않다. 동화책, 장난감, 교구 등이 전무하다. 클라이언트도 친구들과 함께 하는 프로그램에 참여하고 싶어한다.

▶ 주의사항

실전 연습에 사용된 이 사례(김 별 사례)는 앞으로 본 교재의 실전연습에서 지속적으로 사용될 것입니다. 인테이크부터 종결단계까지 연습이 이루어질 것이므로 사례에 대해서 충분히 숙지해 두도록 합시다.

학습 3 클라이언트의 제시된 욕구 파악하기

'사회복지사례관리 인테이크'를 수행하기 위한 세 번째 능력단위는 클라이언트의 제시된 욕구를 파악하는 것이다. 이것은 초기 면접 내용을 바탕으로 클라이언트가 가진 문제와 욕구를 진단하고 클라이언트가 가진 문제와 욕구에 따라 우선순위를 분류하는 능력이다.

필요 지식 | 클라이언트 욕구의 개념과 영역, 우선순위

1. 욕구의 개념

초기 면접에서 클라이언트 또는 클라이언트의 후견인을 통해 클라이언트의 다양한 욕구를 파악하게 된다. 이 과정에서 중요한 것은 문제현상을 파악하는 것 자체가 욕구는 아니므로 그 현상들로 인하여 겪는 어려움을 객관화해야 한다. 따라서 사례관리 대상자나 가구의 주관적 욕구(표현하는 욕구)를 파악하되 원하는 것(요구, wants)뿐 아니라 필요로 하는 것(욕구, needs)을 조사해야 한다. 이때 필요로 하는 것이란 어떤 어려움을 해결하거나 예방하거나 덜 악화시킬 수 있는 것 혹은 어떤 것을 충족하거나 성취할 수 있는 것을 의미한다.

2. 욕구의 영역

사례관리실천 과정에서 욕구 사정은 클라이언트가 제시한 욕구를 확인하는 것을 기본적이지만 사례관리자는 제시된 것뿐 아니라 욕구의 영역 전반에 걸쳐 확인하는 것이 요구된다. 다음의 <표 5-2>는 10가지 욕구 영역을 제시한 것이다. 이때 클라이언트뿐 아니라 가족의 욕구도 함께 확인하여야 하며, 이들

간의 욕구 영역이 다를 수 있음에 대해 이해해야 한다. 각 욕구 영역별 해당 내용은 아래와 같다. 각 욕구 영역에 해당하는 욕구가 있는지 파악하고 더 시급하고 우선되는 것이 무엇인지 파악할 수 있어야 할 것이다.

〈표 5-2〉 욕구의 영역

욕구 영역	내 용
① 안전 욕구	가족구성원 또는 외부인과의 관계 속에서 야기되는 기초적 신변보호의 욕구
② 건강 욕구	가족 구성원의 신체적·정신적인 건강문제로 인하여 치료가 필요하거나 일상생활이 어려운 문제
③ 일상생활유지 욕구	의식주와 관련된 기본적인 행위 또는 신변관리와 여가활용 및 개선 욕구
④ 가족관계 욕구	가족 구성원의 갈등완화 및 긍정적 관계형성 욕구와 보육·간병 등의 가족 보호 욕구
⑤ 사회적관계 욕구	가족 구성원을 제외한 주변인물 및 사회적 집단 내에서의 긍정적인 관계 형성과 유지를 위한 욕구
⑥ 경제 욕구	기본적인 생활에 필요한 경제적 문제해결 및 기본적 자산관리 욕구
⑦ 교육 욕구	일상생활 유지에 필요한 기초적 지식 습득에 관한 문제와 대상자의 가족 구성원의 학습과 관련된 문제
⑧ 고용 욕구	취업/창업에서의 어려움 또는 직업(무) 기능수행상의 문제
⑨ 생활환경 욕구	거주지의 내외부적 환경 및 안정상의 문제
⑩ 법률 및 권익보장 욕구	법률적 지원 및 권익보장과 관련한 욕구

출처 : 읍면동 맞춤형 복지 업무 매뉴얼(보건복지부, 2017).

클라이언트 욕구와 우선순위에 관련된 자세한 사항은 다음 장(6장) 사회복지 사례관리 통합적 욕구 사정에서 보다 자세히 살펴보기로 한다.

학습 4 클라이언트 선정하기

필요 지식 및 기술 | 사례관리 클라이언트의 선정

현실적으로 사례관리 클라이언트 선정 과정에서 중요한 변수로 작용하게 되는 내용은 다음과 같다(권진숙 외 2009).

첫 번째 변수는 클라이언트 욕구의 구체적인 내용에 대해 사례관리자와 클라이언트가 동의하는가와 클라이언트가 욕구를 해결하고자 하는 동기의 여부이다. 예를 들어, 알코올문제를 가진 클라이언트의 경우 알코올중독의 문제가 복합적이고 만성적인 욕구이므로 클라이언트로서의 징후는 명료하지만 본인의 동기나 변화를 위한 동기가 없는 경우 그를 위한 사례관리는 현실적으로 불가능하다. 이 때 알코올중독 문제를 가진 클라이언트가 현새 상황에서 객관화할 수 있는 위기를 경험하여 더 이상 부인할 수 없는 상황에 직면하거나 정황이 본인의 동의가 없어도 개입이 합법화될 수 있는 경우 그리고 동거하고 있는 가족이 변화를 원할 경우 동의를 전제로 사례관리 클라이언트로 선정될 수 있다.

두 번째 변수는 기관의 관심과 능력에 기반한 선정이다.

펄만의 4P이론에서도 기관의 중요성을 강조하듯이 사례관리자는 기관의 철학과 규정, 기관의 지원에 의해서만 개입이 가능하다. 즉, 기관의 규정을 넘어선 사례관리자의 자율성과 헌신에 기초한 사례관리 개입은 현실적으로 불가능하다. 따라서 초기 개입 과정에서는 자신이 속한 기관을 전체적으로 대변할 수 있을 정도의 지식과 경험이 전제되어야 하며, 초보 사례관리자의 경우는 슈퍼바이저를 통한 간접적 사정 노력이 필요하다. 이와 같이 사례관리 클라이언트 선정에서 클라이언트로서의 이론적인 징후만큼 중요한 변수가 클라이언트와 소속 기관의 협의와 구체적 내용에 대한 합의이다.

기관에 따라서는 사례관리 대상자 판정 기준을 가지고 있는 경우가 있는데 다음에 제시되는 양식을 참고하기 바란다. 다음의 양식은 P복지관에서 사용되고 있는 양식을 일부 수정하여 제시하였다.

■ **실전연습**

☞ 앞의 절에 제시된 가상사례(김 별 사례)를 바탕으로 아래의 사례관리 대상자 판정지를 작성해 보도록 한다.

사례관리 대상자 판정지

사례번호 : 성명 : 일자 : 사례관리자 :

<table>
<tr><th>영 역</th><th colspan="2">내 용</th><th>평가기준</th><th>배점기준</th><th>평 가</th><th>비 고</th></tr>
<tr><td rowspan="22">경제영역(50)</td><td colspan="2" rowspan="3">법정기준(10)</td><td>기초생활보호대상자</td><td>10</td><td></td><td></td></tr>
<tr><td>법적 (부자, 모자 등)</td><td>6</td><td></td><td></td></tr>
<tr><td>저소득, 일반</td><td>4</td><td></td><td></td></tr>
<tr><td colspan="2" rowspan="4">수입(10)</td><td>최저생계비 기준 이하</td><td>10</td><td></td><td></td></tr>
<tr><td>최저생계비의 120% 이하</td><td>8</td><td></td><td></td></tr>
<tr><td>최저생계비의 150% 이하</td><td>6</td><td></td><td></td></tr>
<tr><td>최저생계비의 150% 초과</td><td>4</td><td></td><td></td></tr>
<tr><td colspan="2" rowspan="3">지출(5)</td><td>수입의 100% 이상</td><td>5</td><td></td><td></td></tr>
<tr><td>수입의 90% 이상</td><td>3</td><td></td><td></td></tr>
<tr><td>수입의 80% 이상</td><td>2</td><td></td><td></td></tr>
<tr><td colspan="2" rowspan="4">주거형태(10)</td><td>가건물 (비닐하우스 등)</td><td>10</td><td></td><td></td></tr>
<tr><td>영구임내/월세</td><td>8</td><td></td><td></td></tr>
<tr><td>무료임대</td><td>6</td><td></td><td></td></tr>
<tr><td>전세</td><td>4</td><td></td><td></td></tr>
<tr><td colspan="2" rowspan="4">경제지원(10)</td><td>지원전무</td><td>10</td><td></td><td></td></tr>
<tr><td>비정기지원</td><td>8</td><td></td><td></td></tr>
<tr><td>정기지원 (일십만원 이하)</td><td>6</td><td></td><td></td></tr>
<tr><td>정기지원 (일십만원 초과)</td><td>4</td><td></td><td></td></tr>
<tr><td colspan="2" rowspan="3">부채(5)</td><td>신용불량</td><td>5</td><td></td><td></td></tr>
<tr><td>재산의 50% 이상</td><td>3</td><td></td><td></td></tr>
<tr><td>재산의 50% 미만</td><td>2</td><td></td><td></td></tr>
<tr style="display:none"><td></td></tr>
<tr><td rowspan="13">의료 및 건강 영역(40)</td><td colspan="2" rowspan="3">장애유무(10)</td><td>1급</td><td>10</td><td></td><td></td></tr>
<tr><td>2~3급</td><td>8</td><td></td><td></td></tr>
<tr><td>4~6급</td><td>6</td><td></td><td></td></tr>
<tr><td colspan="2" rowspan="4">질병정도(10)</td><td>만성질환 (평생)</td><td>10</td><td></td><td></td></tr>
<tr><td>장기 치료가 필요한 질병</td><td>8</td><td></td><td></td></tr>
<tr><td>단기 치료가 가능한 질병</td><td>6</td><td></td><td></td></tr>
<tr><td>양호</td><td>4</td><td></td><td></td></tr>
<tr><td rowspan="3">성인・노인・장애인용</td><td rowspan="3">ADL(10)</td><td>하</td><td>10</td><td></td><td></td></tr>
<tr><td>중</td><td>5</td><td></td><td></td></tr>
<tr><td>상</td><td>0</td><td></td><td></td></tr>
<tr><td rowspan="3">아동・청소년용</td><td rowspan="3">신체적 건강유지(10)</td><td>하</td><td>10</td><td></td><td></td></tr>
<tr><td>중</td><td>5</td><td></td><td></td></tr>
<tr><td>상</td><td>0</td><td></td><td></td></tr>
</table>

<table>
<tr><td rowspan="21">심리 및 사회 영역(50)</td><td rowspan="7">성인·
노인·
장애인용</td><td rowspan="3">생활상태
(10)</td><td>독거</td><td>10</td><td></td><td></td></tr>
<tr><td>보호가 필요한 동거가족</td><td>8</td><td></td><td></td></tr>
<tr><td>동거가족</td><td>0</td><td></td><td></td></tr>
<tr><td rowspan="4">사회관계망
(10)</td><td>전혀 없음</td><td>10</td><td></td><td></td></tr>
<tr><td>비공식지원체계</td><td>6</td><td></td><td></td></tr>
<tr><td>공식지원체계</td><td>4</td><td></td><td></td></tr>
<tr><td>공식+비공식 지원체계</td><td>0</td><td></td><td></td></tr>
<tr><td rowspan="11">아동·
청소년용</td><td rowspan="3">주거환경
(5)</td><td>하</td><td>5</td><td></td><td></td></tr>
<tr><td>중</td><td>3</td><td></td><td></td></tr>
<tr><td>상</td><td>0</td><td></td><td></td></tr>
<tr><td rowspan="3">가족관계
(5)</td><td>하</td><td>5</td><td></td><td></td></tr>
<tr><td>중</td><td>3</td><td></td><td></td></tr>
<tr><td>상</td><td>0</td><td></td><td></td></tr>
<tr><td rowspan="3">사회관계
(5)</td><td>하</td><td>5</td><td></td><td></td></tr>
<tr><td>중</td><td>3</td><td></td><td></td></tr>
<tr><td>상</td><td>0</td><td></td><td></td></tr>
<tr><td rowspan="2">학대·방임
(5)</td><td>유</td><td>5</td><td></td><td></td></tr>
<tr><td>무</td><td>0</td><td></td><td></td></tr>
<tr><td colspan="2" rowspan="3">심리 및 정서 상태(10)</td><td>매우 불안</td><td>10</td><td></td><td></td></tr>
<tr><td>불안</td><td>5</td><td></td><td></td></tr>
<tr><td>안정</td><td>0</td><td></td><td></td></tr>
<tr><td colspan="3" rowspan="6">사례관리자의 평가(50)
※ 점수 표기 시
하단 설명지침서 참조</td><td>보호대상자의 개입목표 및 계획설정</td><td>0-10</td><td></td><td></td></tr>
<tr><td>비공식적 지지망 형성</td><td>0-10</td><td></td><td></td></tr>
<tr><td>지역사회 자원 이용</td><td>0-10</td><td></td><td></td></tr>
<tr><td>서비스에 대한 의견 교환 및 제시</td><td>0-10</td><td></td><td></td></tr>
<tr><td>사례관리과정에서 나타나는 이슈나 어려움 극복</td><td>0-10</td><td></td><td></td></tr>
<tr><td colspan="4">※ 0점 (어떠한 도움도 필요없다)에서 10점 (매우 도움이 필요하다)</td></tr>
<tr><td colspan="3">총 점</td><td></td><td></td><td></td><td></td></tr>
<tr><td colspan="7"><사례관리자의 평가 설명지침서>
1. 보호대상자의 개입목표 및 계획 설정 : 클라이언트가 개입의 목표를 파악할 수 있고, 이를 실현시키기 위한 계획을 세울 수 있는 정도
2. 비공식적 지지망 형성 : 클라이언트가 비공식적 지지를 받을 수 있는 가족, 친구, 친척 혹은 지역사회 소집단과 의미 있는 관계를 형성하여 서로 소통할 수 있는 능력 정도
3. 지역사회 자원의 이용 : 클라이언트가 자신의 욕구를 해결하기 위해서 현존하는 지역사회 자원, 예를 들어 종교집단, 도서관, 마트, 공공교통서비스 등을 이용할 수 있는 정도
4. 서비스에 대한 의견 교환 및 제시 : 클라이언트가 서비스 제공자에게 자신의 진척 정도나 서비스 만족감에 대하여 의견을 교환하거나 제시할 수 있는 능력 정도
5. 사례관리 과정에서 나타나는 이슈나 어려움 극복 : 클라이언트가 사례관리 과정에서 이슈가 되거나 어려움이 있을 때 이를 스스로 극복할 수 있는 능력 정도</td></tr>
<tr><td colspan="2">판정결과</td><td colspan="5">☐ 종합형 / 특정사례관리형 (130점 이상)
☐ 기본형 (111점~129점 이하) ☐ 단순형 (110점 이하)</td></tr>
<tr><td colspan="2">사례관리자 의견</td><td colspan="5"></td></tr>
</table>

|그림 5-4| 사례관리 대상자 판정지

사회복지사례관리 인테이크 평가

평가영역	평가문항	매우 미흡	미흡	보통	우수	매우 우수
사례관리 설명하기	1. 사례관리의 필요성이 있는 클라이언트에게 사례관리의 내용·과정을 설명할 수 있다.	①	②	③	④	⑤
	2. 사례관리 과정 참여로 발생하는 권리와 의무에 대해 안내할 수 있다.	①	②	③	④	⑤
	3. 클라이언트가 사례관리 참여 여부를 결정하도록 지원할 수 있다.	①	②	③	④	⑤
클라이언트의 일반적 상황 파악하기	1. 사례관리 초기면접지를 활용하여 클라이언트의 상황을 조사할 수 있다.	①	②	③	④	⑤
	2. 클라이언트의 가족력, 가계도를 통해 정보를 수집할 수 있다.	①	②	③	④	⑤
	3. 클라이언트의 생태도를 통해 정보를 수집할 수 있다.	①	②	③	④	⑤
클라이언트의 제시된 욕구 파악하기	1. 초기면접 내용을 바탕으로 클라이언트가 가진 문제를 진단할 수 있다.	①	②	③	④	⑤
	2. 초기면접 내용을 바탕으로 클라이언트가 충족하고자 하는 욕구를 진단할 수 있다.	①	②	③	④	⑤
	3. 클라이언트가 가진 문제와 욕구에 따라 우선순위를 분류할 수 있다.	①	②	③	④	⑤
클라이언트 선정하기	1. 사례관리 선정 기준표를 활용하여 사례관리자의 종합 의견을 기술할 수 있다.	①	②	③	④	⑤
	2. 사례회의에 상정하여 사례관리 대상 여부를 결정할 수 있다.	①	②	③	④	⑤
	3. 부적합 사례에 대하여 타 기관에 의뢰, 단위서비스, 부적합판정 사유에 대해 설명할 수 있다.	①	②	③	④	⑤

[평가결과]

평가영역	문항 수	점 수	점수 ÷ 문항 수
사례관리 설명하기	3		
클라이언트의 일반적 상황 파악하기	3		
클라이언트의 제시된 욕구 파악하기	3		
클라이언트 선정하기	3		
합 계	12		

☞ 자신의 점수를 문항 수로 나눈 값이 '3점' 이하에 해당하는 영역은 업무를 성공적으로 수행하는 데 요구되는 능력이 부족한 것으로 교육훈련이나 개인학습을 통한 개발이 필요함.

06

Chapter

사회복지사례관리 통합적 욕구 사정

제6장 사회복지사례관리 통합적 욕구 사정

분류번호 : 0701020404_14v2

능력단위 명칭 : 사회복지사례관리 통합적 욕구 사정

능력단위 정의 : 사회복지사례관리 통합적 욕구 사정이란 클라이언트와 함께 욕구·상황을 통찰하고 클라이언트의 자원 접근의 장애물을 파악하며, 해결하기 위한 내적·외적 자원 정보를 수집·분석하는 일이다.

■ 능력단위 요소 및 수행준거

능력단위 요소	수행준거
0701020404_14v2.1 클라이언트 욕구 분석하기	1.1 질적·양적 사례관리 사정도구를 활용하여 클라이언트가 중요하게 생각하는 욕구를 조사할 수 있다. 1.2 클라이언트의 가족제계와 환경의 이해를 위하여 문화적 다양성을 고려해야 하며, 사정도구를 활용하여 욕구 목록을 직싱할 수 있다. 1.3 클라이언트의 신체적, 심리적, 사회적, 경제적, 사회관계적 욕구의 우선순위를 정할 수 있다.
0701020404_14v2.2 클라이언트 자원정보 분석하기	2.1 클라이언트가 문제해결을 위해 사용하는 공식적·비공식적 자원의 목록을 만들 수 있다. 2.2 클라이언트의 욕구를 해결하는 데 필요한 비공식적 자원과 지역사회 자원을 파악하여 자원계획을 수립할 수 있다. 2.3 클라이언트와 외부자원을 서로 연결, 협상, 옹호해 줄 수 있다.
0701020404_14v2.3 클라이언트 강점 찾기	3.1 클라이언트의 공식적·비공식적 관계에서 사용된 성공적 경험을 욕구사정지에 서술할 수 있다. 3.2 사례관리자가 파악한 클라이언트의 긍정적 요소를 목록화할 수 있다. 3.3 클라이언트와 사례관리자 간에 합의한 강점을 목록화할 수 있다.
0701020404_14v2.4 클라이언트 장애물 파악하기	4.1 문제해결을 위한 자원과의 관계를 방해하는 클라이언트의 태도를 조사할 수 있다. 4.2 문제해결을 위한 자원과의 관계를 방해하는 외부적 환경 요인을 조사할 수 있다. 4.3 클라이언트와 외부환경과의 상호관계에서의 장애물을 조사할 수 있다.

■ 선수 학습

인간과 사회환경에 대한 심리사회이론, 생태체계이론, 생애발달이론, 사회복지사의 윤리 및 태도, 사례관리의 개념

■ 핵심 용어

사례관리, 통합적 욕구 사정, 우선순위, 자원정보, 강점, 장애물, 공식적 자원, 비공식적 자원

■ 수행 학습 필요 사항

자료 및 관련 서류

- 사정기록지
- 가계도, 생태도, 가족사회관계망 자료
- 자원목록 기록지
- 사례관리 지침서

장비 및 도구

- 컴퓨터 및 프린터

학습 1 클라이언트 욕구 분석하기

필요 지식 | 사례관리에서 사정

사례관리에서 사정과 욕구사정이 갖는 의미, 주요 사정내용과 지침, 욕구사정의 영역은 다음과 같다(박미은, 2015).

1. 사례관리에서 사정의 의미와 주요 지침

1) 사정의 의미

- 욕구에 대한 정보수집과 분석, 우선순위를 고려하여 종합하는 과정
- 욕구충족을 위한 방법과 전략을 모색하는 정보수집
- 욕구충족에 방해가 되는 클라이언트와 환경체계의 장애물 파악
- 욕구충족을 위해 활용할 수 있는 강점과 자원 파악
- 클라이언트 상황에 대한 원인－경과(과정)－해결책을 이해하는 가설적 틀의 구성

2) 주요 사정내용과 지침

- 이용자(사례관리 대상자)의 능력과 대인서비스 욕구를 파악
- 이용자의 사회적 망(관계망)과 이러한 망의 구성원들이 이용자 욕구에 부응하는 능력의 정도를 파악
- 구체적으로는 이용자 삶에 대한 기대, 희망, 목표를 파악하며, 욕구의 우선순위, 목표달성에 필요한 자원(강점) 및 현재 확보된 내・외적 자원을 확

인하고, 자원(강점)을 확보하고 연계하는 방법을 확인
- 사정은 한 번으로 끝나는 것이 아니라 클라이언트의 상황이나 여건이 변하면 추가적으로 재사정할 수 있음
- 사정의 결과로 사례관리 사정표를 작성

2. 욕구사정의 의미와 주요 지침

1) 욕구사정의 의미

- 클라이언트의 요구, 바람, 요청이나 호소에 기초하여 진정한 욕구 파악
- 클라이언트의 요구를 그대로 혹은 무조건적으로 수용하기보다는 욕구에 기초한 합의된 목표로 제시
- 클라이언트 상황에 공감하면서 요구를 청취하고, 사례관리자의 전문성에 기초하여 욕구충족을 위한 최선의 목표 제시
- 클라이언트의 근본 문제를 해결하는 장기적인 관점에서 요구나 호소의 의미를 탐색

2) 욕구사정의 주요 지침

- 욕구사정은 클라이언트의 강점과 적극적 참여를 기반으로 협력적이고 상호의존적인 관계에서 이루어져야 한다.
- 욕구사정은 클라이언트가 어떤 서비스를 필요로 하는지를 결정하기 전에 그가 경험하고 있는 문제나 혹은 문제라고 인식되는 상황에 대한 체계적인 분석을 통해 변화의 방향이나 변화의 목표를 설정하기 위해 필요하다.
- 욕구사정에서 가장 중요한 기술은 의뢰자를 포함하여 클라이언트와 가족이 제시하는 요구 혹은 문제의 내용을 중립적인 입장에서 구체적으로 확

인하는 것과 이들로부터 밝혀낸 욕구를 근거로 성취 가능한 합의된 목표를 끌어내는 일이다.

- 욕구사정을 위해 활용할 수 있는 정보는 다양하다. 가정방문이나 상담에서 관찰한 내용(가정생활모습, 클라이언트의 행동, 태도, 반응 등), 상담을 통해 얻어진 진술내용(클라이언트 및 주변인의 이야기), 관련자료(건강진단서, 심리평가서, 각종 증명서 등)를 통한 문서화된 내용 등이다. 이러한 정보들을 다양하게 확보하고 이를 종합적으로 분석할 때 보다 풍부하고 객관적인 평가가 가능하다.

3) 욕구사정의 영역

- 보건복지부에서 추진하는 사례관리(공공 사례관리)에서 작성하는 욕구사정의 영역은 다음의 표와 같다. 안전, 건강, 일상생활유지, 가족관계, 사회적 관계, 경제, 교육, 고용, 생활환경, 법률 및 권익보장 등 열 가지 영역이다.
- 열 가지 욕구 영역에서 살펴보는 내용은 세 가지이다.
  - 현재 상황과 문제
  - 개인적 바람과 욕구
  - 자원과 강점 파악

〈표 6-1〉 욕구 사정의 영역

욕구영역		주요 현상
① 안전	▪ 가족 내 안전 유지	폭력, 성추행/성폭력, 유기, 방임, 학대, 실종
	▪ 가족 외부로부터의 보호	폭력, 성폭력, 협박·위협, 학대, 착취
② 건강	▪ 신체적 건강 유지	신체장애, 일시적 질병 및 상해, 만성질환, 희귀·난치성 질환, 비만, 영양결핍
	▪ 정신적 건강 유지	환각·망상, 자해(자살), 약물남용·중독, 식사거부, 수면문제, 음주문제, 공격적 행동, 대인기피, 은둔/칩거, 의사소통장애, 위생관리문제, 이상한 행동, 불안감

욕구영역		주요 현상
③ 일상생활 유지	▪ 의식주 관련 일상 생활유지	식사 및 준비 곤란, 의복착용 곤란, 외출곤란, 약물복용 곤란, 위생관리(용변처리 등) 곤란, 긴급상황 대처 곤란
	▪ 여가 생활 활용	여가활동 부족, 부적절한 여가활동(게임,도박 등)
④ 가족관계	▪ 관계 형성	부부갈등, 부모－자녀갈등, 고부갈등, 형제(자매)갈등, 가족 간 관계 소원, 가족 간 관계 단절, 가족 간 갈등
	▪ 가족 돌봄, 부양 부담	장애인돌봄 곤란, 노인돌봄 곤란, 아동돌봄 곤란, 환자돌봄 곤란
⑤ 사회적 관계	▪ 친인척 및 이웃 간 관계형성	친인척과 갈등, 친인척관계 소원, 친인척 관계 단절, 이웃 간 갈등, 이웃 간 관계 소원, 이웃 간 관계 단절
	▪ 소속된 집단 및 사회생활	직장생활 어려움, 학교생활 어려움, 종교생활 어려움, 기타 사회생활의 어려움
⑥ 경제	▪ 기초생활 해결	식비 부족, 주거비 부족, 의복비 부족, 난방비 부족, 공과금 체납, 통신비 부족, 의료비 부족
	▪ 자산관리	자산관리능력 부재, 부채, 과태료·벌금, 과소비·낭비
⑦ 교육	▪ 기초지식 습득 및 향상	읽기·쓰기·말하기 문제, 수리계산 능력 부족, 그 외 기초학습 능력 부족
	▪ 교육 개선	수업료·급식비 등 부족, 특수교육 문제, 상급학교 진학의 어려움, 무단결석, 학업성적 부진
⑧ 고용	▪ 취(창)업	실업·실직, 열악한 근로환경, 저임금, 비정규직, 구직의 어려움, 창업의 어려움, 기술교육의 필요, 취업동기 부족
	▪ 취업준비	잦은 직장 이동, 반복적인 재취업/창업 실패, 실업상태에 익숙해짐, 취업동기 부족, 사업체 유지의 어려움
⑨ 생활환경	▪ 주거 내부 환경 개선	화장실 열악, 주방시설 열악, 위생환경 열악, 도배·장판 열악, 냉난방 열악, 전기/가스 시설 열악, 상하수도 시설 열악, 지붕노후(누수 등), 벽/담 등 노후 , 주택 내 이동 곤란, 사생활 공간 부족
	▪ 주거 외부 환경 개선	학습환경 열악, 교통접근성 열악, 상습침수, 철거 등 공공수용, 거주지이전, 화재·폭발 위험물에 노출, 생활환경 열악
⑩ 법률 및 권익보장	▪ 법률적 지원	법률처리(재산/위자료 등) 문제, 신분상실, 사고보상처리, 파산/신용불량, 국적문제
	▪ 권익보장	차별대우, 권리침해
⑪ 기타		

출처 : 보건복지부(2017). 읍면동 맞춤형 복지 업무매뉴얼.

각 욕구영역을 사정하기 위한 접근방법은 다음과 같다(보건복지부, 2010; 보건복지부, 2017).

① 안전 영역

- 가족 내부나 외부의 안전문제가 발생할 가능성이 있을 때 먼저 위험의 정도를 정확하게 사정
- 본인의 의견을 표현하지 못하고, 본인이 원하는 것을 스스로 인식하지 못하는 경우가 많으며, 대부분 익숙한 집을 떠나는 것을 원치 않으므로 재가상태에서 안전을 확보할 수 있는 방법을 우선적으로 고려
- 일시적인 평형감각을 잃은 위기상태와 영구적으로 생명에 손상을 입힐 수 있는 응급상태를 구분하여 접근
- 응급상황에 해당하는 것은 보호체계가 없거나, 보호체계 구축이 어렵고, 타인이나 자신의 생명이 위험할 경우에는 응급상태로 보고 이에 준하는 조치를 취함
- 보호하고 지원해 줄 자원이 없는 경우도 지역사회자원을 활용하면 보호체계를 구축할 수 있으므로 가능성을 배제하지 말고 사정하고 개입
- 성폭력, 정신질환, 학대, 가정폭행 등이 있는 경우 개입이 어려울 뿐 아니라 전문성을 필요로 하기 때문에 전문가와 팀을 구성하여 개입하는 것이 바람직
- 점검항목별 질문
  - 가족 구성원, 비동거 가족, 이웃, 친구, 사회(학교, 직장)로부터 안전을 위협받고 있는가?
  - 대상자가 타인의 안전을 위협하고 있는가?
  - 응급 시 도움을 요청할 체계가 있는가?

② 건강 영역

- 신체적 건강 영역은 장애, 상해, 희귀난치성 질환, 비만, 영양결핍 등으로

인한 신체질환과 생활의 불편함을 사정하고 원인을 파악함으로써 문제해결의 실마리를 찾는 접근이 필요

- 신체적 불편이나 생활의 곤란이 있음에도 불구하고 개인별 희망사항이나 욕구가 있으므로 이를 충족할 수 있도록 강점을 활용하는 개입이 필요
- 정신적 건강 영역은 정신질환, 음주, 불안, 폭력행위, 대인기피 등의 문제가 있는데 정신건강은 신체건강과도 상호 관련되며, 일상생활이나 교육, 취업, 경제영역, 가족관계 등 다른 모든 영역과도 맞물려 있으므로 포괄적으로 사정하여 개입
- 정신질환 및 대처에 관한 전문적 지식을 필요로 하며 이는 사례관리자로서 직접서비스를 제공하기 위한 필수적인 전문가적 기술이 필요
- 건강영역은 개인별 능력과 증상 수준별로 구체적인 서비스 계획을 수립하는 것이 필요
- 점검항목별 질문
  - 본인이나 동거가족 중 신체적 질환 혹은 정신적 질환(중독*, 우울, 조현증 등)으로 약물관리를 하는가?

    * 술, 담배, 약물, 의약품 인터넷, 스마트폰, 게임, 도박, 쇼핑, 성 중독 등을 포함
  - 신체적 질환 또는 정신적 질환으로 일상생활, 사회생활 등에 어려움이 있는가?
  - 본인이나 동거가족 중 지난 6개월 동안 자살을 시도한 적이 있는가?

③ 일상생활 유지 영역

- 식사, 용변, 의복착용, 외출, 약물복용, 가사활동 등을 스스로 할 수 있는지에 관한 문제와 긴급 상황 시에 대처할 수 있는 능력이 있느냐에 관한 영역
- 다른 영역에 비해 가장 많은 서비스 자원이 확보되어 있는 영역으로 자원을 연계하기 쉬운 장점이 있음
- 서비스 지원방법을 선택할 때 이용자의 욕구와 자립성이 우선되어야 함

- 점검항목별 질문
  - 본인이나 동거가족이 일상생활*에 어려움이 있는가?

  * 식사, 용변처리, 옷 입기, 세탁, 몸 씻기, 청소, 정리정돈, 수면, 그 외 가사활동

④ 가족관계 영역

- 가족관계의 영역은 부부갈등, 부모갈등, 고부갈등, 형제자매갈등, 가족의 무관심(소원함) 등으로 분류
- 가족돌봄 부담에 있어서 장애인돌봄, 노인돌봄, 아동돌봄, 만성질환자 돌봄 등이 있음
- 모든 대인관계의 출발은 가족이기 때문에 가족 간의 관계에 어려움이 있다는 것은 사회적 관계의 어려움도 동반할 가능성이 높음
- 가족관계의 문제는 단순히 개인적인 이유보다는 개인을 둘러싼 제반 문제들의 영향을 받으므로 경제적인 문제, 질병, 정신건강, 의사소통의 문제, 기타 스트레스 상황 등을 점검하여 이를 해결함으로써 관계를 원활히 할 수 있음
- 가족의 관계 패턴, 대화방식, 가족 내 약자, 가족 분위기, 클라이언트의 기질 등을 고려하여 가족 내 관계 역동성을 분석하면 가족관계 개입의 단서를 찾을 수 있음
- 점검항목별 질문
  - 동거 혹은 비동거 가족 구성원 간 갈등이나 단절된 상황인가?
  - 영유아, 아동, 노인, 장애인 등을 양육하거나 돌보는 데 어려움이 있는가?

⑤ 사회적 관계 영역

- 사회관계 영역은 친척 갈등, 이웃 갈등, 이웃소원, 직장생활, 학교생활, 종교생활, 기타 사회생활의 어려움 등으로 분류
- 이 영역에서의 갈등과 어려움은 영유아기, 아동청소년기에 원활하지 못한 가족 관계에서 기인하는 경우가 많으므로, 가족관계의 패턴과 경험을 경

청하여 잠재된 갈등관계와 밀착관계를 파악하고, 스스로 자신의 관계패턴을 이해하고 통찰하게 하는 상담 제공

- 사회관계 활성화를 위한 개입은 작고 단순한 일, 흥미와 관심 있는 일부터 시작하여 함께 동행을 하고 사회활동에 참여하는 경험을 갖도록 함
- 이용자와 우호적인 관계에 있는 단체나 기관 혹은 개인을 최대한 강점으로 활용하며, 지지할 수 있는 새로운 관계를 형성하여 궁극적으로 사회적 지지망을 구축
- 점검항목별 질문
  - 도움을 받을 만한 친인척, 이웃, 동료관계, 단체나 기관이 있는가?
  - 본인이나 동거가족이 방에서 거의 나오지 않으면서 외부와 관계가 단절된 상황인가?
  - 본인이나 동거가족이 이웃과 갈등을 유발하고 있는가?

⑥ 경제 영역

- 경제 영역은 결식, 주거비, 의복비, 난방비, 공과금, 통신비, 의료비 등의 최소한의 생활에 필요한 경제력이 부족한 상태 및 자산관리 능력, 부채상황, 과소비 등의 문제를 점검하는 것
- 지적장애인, 정신장애인의 경우 자산관리 능력을 구체적으로 사정하고, 과소비가 심한 경우 정신건강 상태를 확인
- 경제력 지원은 국민기초생활보장지원, 긴급지원, 공동모금회, 민간자원을 동원하여 지원하는데, 특히 국민기초생활보장법상 지원 가능한 대상 여부 재확인, 생계비 변동을 확인하는 등 공공영역에서 우선 지원 가능한 것을 점검
- 현금지원뿐만 아니라 민간의 관계기관에 현물지원 요청, 민간단체에 지원요청 등의 협력과 연계를 이끌어 내며, 개인적인 바람이나 작고 사소한 욕구도 자원을 개발하여 지원할 경우 변화의 동기부여가 되고 변화의 동력이 됨

- 점검항목별 질문
  - 돈이 없어서 기초생활(의식주, 교육비, 의료비, 집세, 퇴거위험, 난방, 공과금 등)에 어려움이 있는가?
  - 금전관리(수입과 지출)나 빚 때문에 어려움이 있는가?

⑦ 교육 영역

- 교육 영역은 읽기, 쓰기, 말하기, 수셈과 관련된 기초지식 습득과 교육비, 사교육, 특수교육, 진학, 무단결석, 학업성적 등과 관련된 교육개선 영역으로 구분
- 기초지식이 부진한 이유를 먼저 진단하고, 진단결과에 따라 개입방법을 선택
- 교육비 문제는 경제 영역과 관련되어 있고, 무단결석은 가족관계나 정신건강과 관련되어 있고, 특수교육은 장애나 질병, 정신건강과 관련되어 있으므로 이를 고려한 통합적 개입이 필요
- 사교육은 지역사회의 수준과 지역사회의 합의에 의해 이루어져야 하며, 낙인감을 주지 않는 범위 내에서 자원봉사자나 민간자원을 활용하는 것이 바람직
- 아동의 경우 학습동기, 과제수행능력, 교과적응력, 미래 비전 심어주기 등을 구체적으로 사정하고 노인의 경우 남은 노후 계획 등을 사정하여 개입
- 점검항목별 질문
  - 본인이나 자녀가 기초학습능력(읽기, 쓰기, 말하기, 듣기, 타인 이해하기, 계산하기 등)이 부족하여 사회생활이 어려운가?
  - 본인이나 자녀가 학교생활이나 학업유지에 어려움이 있는가?

⑧ 직업 영역

- 직업 영역은 실업, 실직, 열악한 근로환경, 저임금, 비정규직, 구직, 창업의 어려움을 구분

- 취업을 위한 개입은 취업 전에 필요한 활동부터 시작해야 하며, 취업처 탐색, 취업활동 적응 과정으로 연속적으로 지원이 필요하며, 취업이나 창업을 위한 자기이해와 스트레스 관리와 스트레스 대처요령 등이 병행되거나 우선되어야 함
- 열악한 근로환경, 저임금 등의 문제는 객관적 입장에서 근로환경과 임금수준에 대한 판단과 아울러 이용자의 입장에서 대변인 역할 필요
- 취업지원을 위한 개입은 취업 전 활동이 중요한데, 동기부여와 의미부여, 무기력감과 자존감 회복 등이 필요하고, 취업처 수준의 합의와 취업목적을 명확하게 하는 단계적 개입이 필요
- 점검항목별 질문
  - 본인이나 동거가족이 근로능력, 가족돌봄, 자녀양육, 일자리 발굴, 대인관계기술, 신용, 신체 및 정신건강 등에 어려움이 있어서 일하기 어려운가?

⑨ 생활환경 영역

- 주거내부 환경, 주거외부 환경 영역으로 구분하여 접근
- 주거환경으로 인한 불편사항이나 생활의 곤란을 해결하기 위한 시설을 보수하고, 수리, 주거지역 환경의 문제를 보완하기 위한 해결방법을 지원
- 아동의 경우 접근성, 유해환경으로 인한 유기, 폭력, 성폭력 등의 위험이 있을 수 있으므로 주거외부 환경에 대한 안정성 사정 필요
- 점검항목별 질문
  - 주거나 주거환경이 본인이나 가족이 안전과 건강에 해를 끼치는가?
  - 주거환경 문제로 본인이나 동거가족이 이웃과 갈등을 유발하고 있는가?

⑩ 법률 및 권익보장 영역

- 법률처리 문제, 신분상실, 사고보상처리, 파산, 신용불량, 국적문제 등으로 구분하여 접근
- 권익보장은 차별대우 또는 권리침해와 관련한 영역으로 접근하며 이와 관

련하여 사례관리자의 옹호 역할이 중요함

- 점검항목별 질문
  - 본인이나 동거가족이 법적 문제로 일상생활이나 사회생활에 어려움이 있는가?
  - 본인이나 동거가족이 차별대우나 불이익을 받고 있는가?

3. 욕구의 우선순위

사례관리자는 클라이언트와의 상담을 통해 제시된 욕구 중에서 개입을 통해 변화를 도모하고자 하는 욕구를 선정하기 위해 우선순위를 정한다. 우선순위는 기간 내 달성 가능성, 상황 개선의 가치, 긴급성, 클라이언트가 중요하다고 생각하는 것을 기준으로 한다(권진숙 · 전석균 공역, 1999). 우선순위에서 상위 3가지 가량을 선정하여 목표 수립을 위한 단계로 진행하는 것이 좋다. 목표가 너무 많으면 클라이언트는 자신이 무엇을 추구하고 있는지 혼란스러워 집중하고 기억하기 어렵다(한국사례관리학회, 2014).

수행하기 | 클라이언트 문제와 욕구조사서 작성하기

앞에서 설명된 김 별 사례의 영역별 욕구조사서를 작성해 보도록 한다. 이때 클라이언트의 제시된 욕구를 중심으로 작성하고 우선순위를 정하도록 한다.

〈표 6-2〉 영역별 욕구 조사서

욕구 영역	클라이언트의 욕구(제시된 욕구)	우선순위
① 안전		
② 건강		
③ 일상생활유지		
④ 가족관계	예 아빠랑 늘 싸워서 함께 있기 힘들어요.	
⑤ 사회적 관계		
⑥ 경제		
⑦ 교육	예 우리 아이가 공부를 너무 못해서 걱정이에요.	
⑧ 고용		
⑨ 생활환경	예 집에 난방이 안 돼서 너무 추워요.	
⑩ 법률 및 권익보장		

필요 기술 | 사례관리에서 사정의 방법

사회복지현장에서 욕구를 사정할 때 활용할 수 있는 방법은 가계도, 생태도, 사례관리사정표, 그 외 기타 표준화된 측정도구나 개별화된 주관적 척도를 활용한 사정 등이 있다.

1. 가계도를 활용한 사정

1) 가계도

가계도(genogram)란 가족체계를 사정하는 방법으로, 일반적으로 3내에 걸친 가족 구성원에 관한 정보와 그들 간의 관계를 도식으로 나타낸 것이다. 그러나 다음과 같은 보이지 않는 가족 내 갈등과 삼각관계 등을 파악할 수 있는 효과적인 사정도구이기도 한데, 가계도가 포함하고 있는 주요 내용은 다음과 같다(한국사례관리학회 편, 2014).

- 가족 내에서의 자신의 위치
- 뿌리에 대한 인식 및 기대
- 시간이 지나면서 변화되어 온 형태
- 가족의 정서적 관계
- 가족의 삼각관계
- 평가-문제 발견
- 개선 계획-대안을 제시

2) 가계도의 작성

가계도를 통한 사정은 대부분의 사회복지사가 잘 수행하고 있는 노력 중 하나인데 주의할 사항은 첫째, 클라이언트와 가족이 함께 그려야 한다는 점이다. 물론 이 모든 작업을 클라이언트나 가족에게 하도록 강요하라는 것이 아니라 최소한 자신들의 가계도가 어떻게 생겼는지를 그들이 확인하도록 하는 작업이 필수적이다. 둘째, 다양한 부호를 정확하게 사용하여 가계도가 많은 정보를 담아낼 수 있도록 작업하는 것이 중요하다. 셋째, 가계도를 통해 클라이언트와 가족이 통찰력을 발휘하여 변화가 필요한 욕구를 발견할 수 있도록 돕는 전문적 노력을 기울여야 한다.

가계도의 작성방식을 간략히 정리하면 아래와 같다.

- 가족구조를 도식화 : 가족원의 한 세대에서 다음 세대까지의 생물학적 · 법적 관련성
- 가족원에 대한 정보 기록
  - 가족원의 이력(연령, 출생 및 사망시기, 직업, 교육수준)
  - 가족의 역할(신체, 정서, 행동에 관한 비교적 객관적 정보)
  - 가족생활의 중요한 사건
- 가족관계 표현(사회복지사의 관찰에 근거하여 관계 도식화)

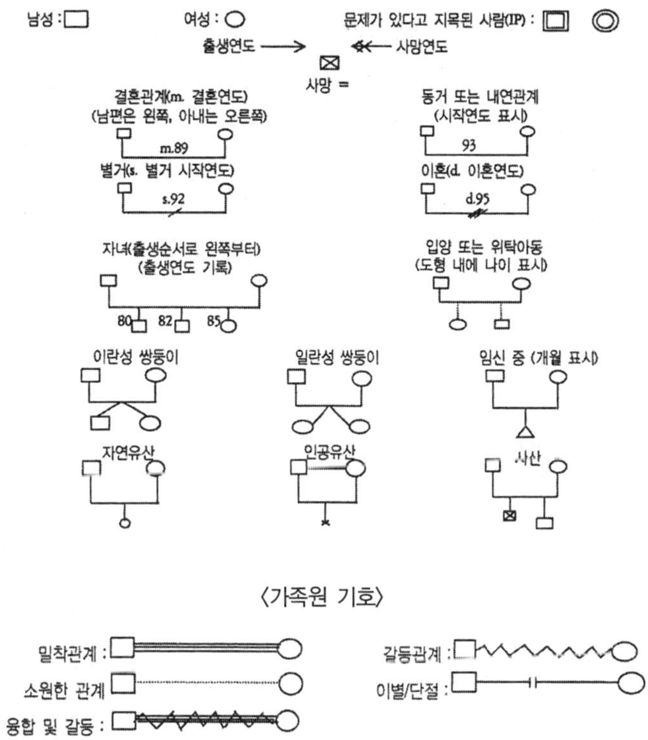

| 그림 6-1 | 가족관계 기호

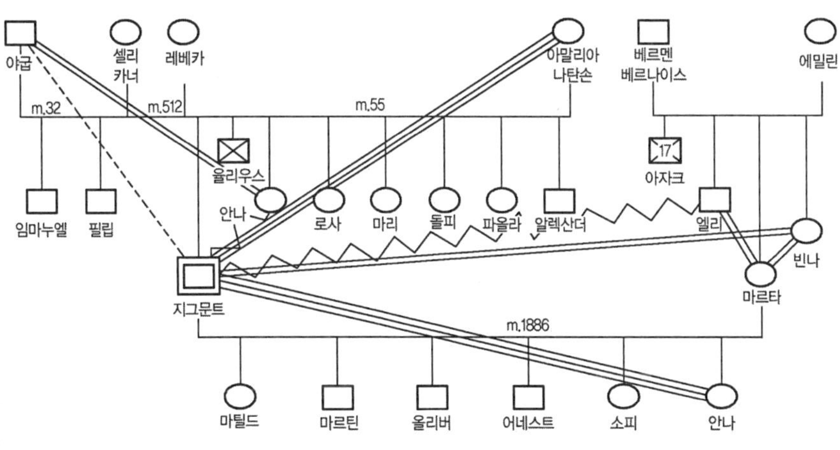

| 그림 6-2 | 프로이트의 가계도

출처 : 손광훈(2009).

■ 실전연습

☞ 김 별 사례의 가계도(genogram)를 작성해 본다.

2. 생태도를 활용한 사정

1) 생태도

생태도란 개인과 가족을 포함하는 클라이언트 체계가 외부환경 체계들과 어떻게 관련되어 있는지 그림으로 나타내는 것이다. 클라이언트 체계와 외부체계 혹은 외부자원과 관련성은 주위에 얼마나 다양한 체계들이 존재하는지의 구조적인 면(자원체계의 수나 크기 등)뿐 아니라 그 외부체계들이 현재 어떻게 작용하는지의 기능적인 면(관계의 질과 내용)을 동시에 파악한다.

특히 생태도는 대체로 지난 3개월을 기준으로 하여 작성하며, 개인체계뿐 아니라 가족체계를 사정할 때 많이 활용된다. 즉, 가족원들 사이에 혹은 가족과 외부체계 사이의 에너지 흐름과 자원의 교환, 그리고 스트레스나 갈등의 정도를 파악하는 도구가 된다. 생태도를 활용함으로써 사례관리자는 그 가족 내에 존재하는 결속, 긴장, 지지뿐 아니라 가족과 외부체계 사이에 존재하는 자원의 부족과 결핍, 자원의 흐름, 자원의 유용성을 이해할 수 있다. 생태도는 개인과 가족의 상태를 전체적으로 조망하도록 도울 뿐 아니라 체계들 간의 관계를 원활하게 하기 위해서 어느 체계를 어떻게 변화시켜야 할지 결정하도록 도와준다.

2) 생태도 작성

- 중앙에 있는 원을 중심으로 클라이언트 환경체계에 있는 사람들을 원으로 표시한다. 이때 클라이언트 원을 중심으로 하여 주변 원의 크기와 거리를 조절한다.
- 그 환경체계 속에 있는 사람이나 대상에 대해 전반적으로 이야기한다.
- 각 환경체계에 대한 클라이언트의 생각과 경험에 대해 이야기한다. 이 때 상호관계의 종류를 부호로 표시한다.
- 완성된 그림을 확인한다.

- 클라이언트로 하여금 그림 전반에 대한 느낌과 생각을 이야기하도록 하고, 이후에 변화되었으면 하는 부분이나 개선되었으면 하는 부분을 논의한다.

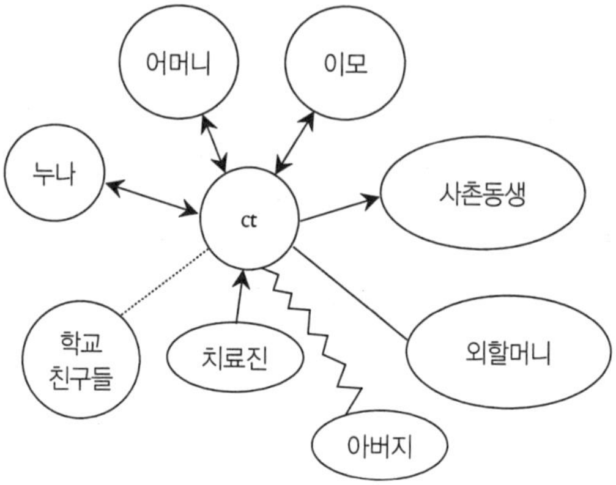

| 그림 6-3 | 생태도의 예

■ **실전연습**

☞ 사례의 생태도(eco-map)를 작성해 본다.

3. 사례관리사정표를 활용한 사정

여기에서 제시된 양식은 한국사례관리학회(2014)에서 제시하는 양식을 바탕으로 보건복지부 공공사례관리 수행의 욕구 영역을 포함시켜 새롭게 수정한 것이다. 이 양식은 사례관리 사정 시 욕구, 자원과 장애물 모두 사정하면서 사례관리 수준을 판정하고 사례관리자의 종합적인 의견을 작성할 수 있도록 하였다. 사례관리사정표는 민간・공공 영역이나 사회복지기관의 특성에 따라서 다소 다르게 제시될 수 있으므로 공통적으로 포함되는 내용의 개념에 대해 이해할 수 있도록 해야 할 것이다.

1) 사례관리사정표의 기록[1]

① 대상자의 욕구를 기반으로 제시된 문제를 이끌어 내고, 제시된 문제를 해결하기 위한 자원과 장애물을 조사하여 실천 계획을 구축하는 단계이다.

② 초기면접이 이루어진 후 3주 이내에 사례관리 사정 및 계획이 완료되고, 사례회의를 거쳐 늦어도 1개월 이내에 목표에 입각한 개입이 이루어져야 한다.

③ 대상자를 직접 대면하여 사정하는 것을 원칙으로 하며 가족, 사회복지담당공무원, 지역사회 관련기관 담당자 등 의미 있는 타인으로부터 정보를 수집하여 포괄적인 자료를 수집하도록 한다.

④ 사정면담 과정을 녹음하고자 할 경우 반드시 사전에 면담참여자의 동의를 얻어야 한다.

⑤ 사례관리 사정은 3개월을 주기로 재사정을 실시한다. 단, 사례관리는 대상자 또는 환경의 새로운 요구가 있을 경우 수시로 재사정을 실시하여야 한다.

---

1) 사례관리 사정표의 기록과 작성방법은 한국사례관리학회(2014)의 『사례관리론』을 참고하여 작성하였다.

⑥ 재사정 시에도 사정과 계획이 함께 시행되며 이때 동일한 양식을 이용한다.

2) 작성방법

① **유형** : 욕구의 주체이거나 욕구해결을 위해 관련된 체계를 기준으로 구분한다. 유형을 구분하기 어렵거나 복수의 유형과 연관된 경우 기타 의미 있는 욕구로 분류한다.

② **우선순위** : 모든 욕구에 대한 사정이 끝난 후 대상자의 호소 정도, 객관적 긴급성, 해결 가능성, 현실 관련성 등을 고려하여 전체 욕구를 대상으로 우선순위화한다. 문제해결을 위해 한 번에 선택되는 욕구는 3개를 넘지 않는 것이 좋다.

③ **제시된 욕구** : 대상자, 가족, 기타 의미 있는 타인이 진술하는 욕구를 원형 그대로 기술한다. 대상자 이외의 경우에는 누구의 욕구인지 기록한다. 욕구들은 각 유형으로 분류하여 기록한다.

④ **합의된 욕구** : 제시된 욕구 중 합의된 욕구를 정리한다. 일반적으로 제시된 많은 욕구 중 소수의 합의된 욕구가 추려지게 된다. 이 합의된 욕구는 다음 단계로 이어져 합의된 목표로 정리되는 주요 내용 혹은 활동이 될 것이다.

⑤ **자원** : 앞서 제시된 욕구의 해결을 위한 자원으로서 대상자의 내적인 강점과 환경적인 자원을 포함하여 기술한다.

⑥ **장애물** : 제시된 욕구의 해결에 방해가 되는 장애 요인에 대해 내부장애물과 외부장애물로 나누어 사정한다.

⑦ **척도를 이용한 사정** : 객관적이고, 전문적인 사정을 위해 생태도, 가계도, 및 기타 척도를 선택하여 사정하고 그 결과를 기록한다.

⑧ 사례관리자는 사정 결과를 종합하고, 서비스 수준 평가척도를 활용하여 사례관리 수준을 긴급, 집중, 일반으로 판정한다.

4. 기타 사정양식

위의 사정도구 외에도 삶의 만족도, 자존감, 문제해결능력척도, ADL, 우울척도, 정신건강척도, 알코올중독 관련 척도 등 다양한 척도가 활용될 수 있다. 이상 소개한 도구뿐 아니라 객관적 척도나 도구의 활용은 그 내용을 클라이언트나 가족에게 제시하여 그들의 협조나 동의를 이끌어 낼 수 있는 좋은 방법이며, 사례관리자 자신뿐 아니라 클라이언트와 가족과 함께 일할 때 얼마나 많은 영역의 어떤 전문가들과 팀워크를 이루면서 통합적으로 일할 것인지를 알려주는 좋은 지표가 되기도 한다.

■ 실전연습

☞ 김 별 사례의 사례관리사정표를 작성해 본다.

사례관리사정표

등록번호		성 명		사례관리자	
사정일시		유 형	☐ 신규 ☐ 재사정	정보제공자	

유 형	우선 순위	제시된 욕구	합의된 욕구	이용 가능한 자원(강점)	내·외적 장애물
안 전					
건 강					
일상생활 유지					
가족관계					
사회적관계					
경 제					
교 육					
고 용					
생활환경					
법률 및 권익보장					

척도를 이용한 사정	척도종류	사정결과
사례관리 수준 판정	☐ 긴급 ☐ 집중 ☐ 일반	

| 그림 6-4 | 사례관리사정표

학습 2 클라이언트 자원정보 분석하기

필요 지식 | 사례관리에서 네트워크 이론 적용[2)]

클라이언트의 복합적인 욕구는 클라이언트와 가족뿐만 아니라 지역사회 차원에서 다양한 기관이나 시설, 단체의 참여와 협력을 통해서 충족될 수 있다. 사례관리는 다양한 조직과 자원의 연계를 통해 이용자에게 그들의 욕구에 부합하는 최적의 서비스를 제공하는 것을 목표로 하고 있기 때문에 자연스럽게 사회적 관계망이나 조직 간 협력이 중시된다. 사례관리에서 네트워크를 활용한다는 의미는 클라이언트에게 적절하고 포괄적이며 지속적인 서비스를 제공하기 위해 지역사회 내 자원망을 연계하여 보호의 연속성과 서비스의 책임성을 제고한다는 것이다.

네트워크의 개념은 사회복지 분야를 포함하여 여러 학문 분야와 현장에서 매우 다양한 의미로 사용되고 있다. 네트워크란 자원, 기술, 사회관계, 지식, 신뢰 등을 서로 공유할 수 있는 사람들 또는 단체의 공식적 혹은 비공식적 관계의 망으로 유대(tie) 또는 연계(linkage)라고 정의할 수 있다. 사례관리에서 네트워크의 활용이 필요한 이유는 지역사회 내 사회복지 관련 조직들이 클라이언트에게 서비스를 제공함에 있어서 자원의 중복과 갈등을 최소화하고, 단위 조직의 정보, 인력, 설비 등 자원의 공유를 통해 지역사회 자원의 활용도를 최대화함으로써 사업의 효과성을 극대화할 수 있기 때문이다. 아울러 네트워크 활동을 통해 누락된 클라이언트를 발굴하고, 서비스의 단절을 극복할 수 있으며, 서비스와 프로그램의 조정 등을 통한 효율성을 증대시키고, 부족한 자원을 채울 수도 있다.

네트워크 이론 활용 방안은 다음과 같이 설명될 수 있다.

2) 이 내용은 한국사례관리학회 편(2014). 『사례관리론』을 참조하여 작성하였다.

〈표 6-3〉 네트워크 이론 활용 방안

영 역	방 법
운영체계	• 조직 내부 관련팀과 네트워크 구축 • 지역사회 협력기관과 통합 사례관리팀 구축 • 지역사회 전문가를 중심으로 한 솔루션위원회 구축 • 인적·물적 자원망 구축
인테이크	• 클라이언트 및 가족과 연관된 비공식적인 정보원(친인척, 이웃, 학원 등)을 통한 정보 수집 • 클라이언트 및 가족과 연관된 공식적인 정보원(주민센터, 학교, 지역아동센터 등)을 통한 정보 수집
사 정	• 통합사례관리팀과 공동으로 통합사례회의를 통한 사정 • 고위험 사례의 경우 솔루션위원회의 솔루션회의를 통한 사정
개 입	• 통합사례관리팀 간의 역할 분담에 의한 서비스 제공 • 공식적, 비공식적인 사회적 지지망 구축
점 검	• 통합사례관리팀을 활용한 정기적인 점검 • 솔루션위원회를 통한 정기적인 점검 • 공식적, 비공식적인 사회적 지지망을 통한 지속적인 점검
평 가	• 통합사례관리 네트워크 평가

필요 기술 | 자원 사정(사회자원)

자원사정은 욕구사정과 함께 사례관리의 사정 단계에서 매우 중요하다. 자원이란 클라이언트 스스로 해결하기 힘든 다양한 생활상의 욕구를 채우기 위해 반드시 필요하다. 또한 사례관리의 성공 여부는 자원을 어떻게 활용할 것인가와 밀접한 관련이 있기 때문에 사정단계에서 현재 클라이언트가 활용하고 있는 것, 활용할 수 있는 것, 그리고 앞으로 꼭 필요한 자원이 무엇인지를 파악하는 것은 매우 중요하다. 이러한 자원사정이 충분히 이루어졌을 때 그 다음 단계인 서비스 계획 단계에서 개입목표의 성취를 위한 자원 활용 방안을 구체화할 수 있다(박미은, 2015).

1. 사회자원의 개념과 종류

1) 사회자원의 개념

인간이면 누구나 자신의 생활과업을 원만히 수행하고 사회생활에 필요한 욕구를 충족시키기 위해 여러 수준의 지원체계(support system)가 필요하다. 이 지원체계는 인간의 삶에 있어 중요한 사회자원(social resources)이 된다. 이런 의미에서 자원이란 인간의 다양한 생활상의 욕구충족과 문제해결을 목적으로 활용되는 각종의 제도, 시설, 기관, 단체, 프로그램 및 사람들의 지식, 기술, 정보 등을 포함하는 인적·물적 제 요소를 총칭한다.

2) 자원의 종류

자원은 크게 공식적 자원과 비공식적 자원으로 나누어진다(정순둘, 2005).

(1) 공식적 자원

공식적 자원은 공식적인 조직을 통해 제공될 수 있는 자원으로 국가기관, 공공법인, 민간기관이나 시설, 사회단체, 공식협의회, 회원조직 등이 보유하고 있는 것을 말한다. 각각의 공식자원 유형은 아래와 같다.

- 국가기관 : 시·군·구 사회복지전담공무원, 국·공립병원, 보건소, 광역 및 기초 정신건강복지센터, 사회복지사업법에 의하여 국가에서 시행하고 있는 각종 제도(국민기초생활지원, 장애인활동지원 등)
- 공공법인 : 사회복지 이용시설, 사회복지기관, 천재지변이나 화재, 기타 대형사고의 피해자들에게 숙소, 식품, 의료서비스를 제공하는 적십자 등
- 민간기관과 시설 : 민간 기업에서 사회복지증진을 위해 출자하는 기업의 사회복지재단, 민간이 출자하여 운영하는 유료 사회복지 이용시설과 복지기업 등(예 삼성복지재단, 아산사회복지재단, 유료요양시설 등)
- 사회단체 : 사회적 상호작용, 레크리에이션, 취미생활, 기능교육 등을 실시하는 YMCA, YWCA, 상담 및 취미생활, 직업훈련 등을 실시하는 여성 단체 등
- 공식협의체 : 중앙 및 전국에 소재한 사회복지협의회 및 사회복지사협회, 사회복지관협회, 각종 사회복지시설협회, 여성단체협의회, 지역사회복지협의체 등
- 회원조직 : 의사회, 약사회, 변호사회, 각종 공제회, 노인회 등

(2) 비공식적 자원

가족, 친척, 동료, 이웃, 자원봉사자 등에 의해 제공되는 것이 비공식적 자원에 해당한다. 이 같은 자원은 개인적인 연줄이나 배경, 혹은 사람들 사이의 정과 이타적 동기, 선행에 기반하여 형성되는 특징이 있다. 사례관리에서 비공식적 자원을 적극 동원하고 활용하는 전략은 클라이언트에게 익숙한 환경에서 도움

을 제공하고, 공식적 자원의 한계를 극복하면서 비용효율성을 높일 수 있는 매우 유용한 전략이다. 이 자원들은 공식 · 비공식으로 구분하는 것 외에 공공 · 사적 자원, 물적 · 인적 자원, 화폐적 · 비화폐적 자원으로 구분되기도 한다.

2. 사회자원 활용이 필요한 이유

실천현장에서 사례관리자가 사회자원을 중요하게 생각하고 적극 활용하는 이유는 첫째, 사례관리 대상자의 욕구가 복합적이고 만성적이기 때문이다. 이러한 욕구를 지속적이고도 포괄적으로 충족시키기 위해서는 특정한 한 기관을 넘어 지역의 다양한 자원을 적극 활용하는 것이 불가피하다.

둘째, 사례관리 대상자들의 자원에 대한 인식이 매우 부족하기 때문이다. 클라이언트는 대체로 욕구충족에 필요한 자원을 스스로 나서서 찾기에는 여러 가지 육세적 · 정신적 한계를 가지고 있다. 지역자원에 대한 인지도가 낮을 뿐 아니라 자원에 접근하려 해도 구체적인 정보가 없거나 이용방법을 몰라 조기에 포기하거나 체념해 버리는 경우가 많다. 따라서 이들이 지역의 다양한 자원에 쉽게 접근하여 필요한 자원을 얻어 문제를 해결하도록 도와주는 것이 필요하다.

■ 실전연습

☞ 김 별 사례의 공식적·비공식적 자원 목록을 작성해 본다.

〈공식적 자원〉

▪
▪
▪
▪
▪
▪

〈비공식적 자원〉

▪
▪
▪
▪
▪
▪

3. 자원 사정 시의 고려 사항

- 자원은 크게 인적 · 물적 자원, 공식 · 비공식 자원으로 구분하여 파악
- 생태도나 관계망 사정을 통해서 파악 가능
- 클라이언트와 가족 단위에서 동원할 수 있는 인적 · 물적 자원 파악
- 현재 이용하고 있는 자원(이용자원), 앞으로 활용 가능한 자원(가용자원), 개발이 필요한 자원(잠재자원), 그리고 자원과 관련한 장애물 파악
- 클라이언트 및 주변인의 자원 활용의 긍정적 경험 혹은 부정적 경험 파악

학습 3 클라이언트 강점 찾기

필요 지식 | 강점 사정

사례관리 사정의 차이점을 강조할 때 많은 사람들이 강점관점을 사용한다. 강점관점의 사정은 자원을 사정할 때 유용하므로 간략히 소개하기로 한다(한국사례관리학회 편, 2014).

강점관점은 의료모델과는 달리 클라이언트의 역량, 재능, 경쟁력, 가능성, 비전, 가치, 희망 등의 관점에서 그들을 보아야 한다는 것이다. 즉, 클라이언트가 가지고 있는 것, 알고 있는 것, 할 수 있는 것을 헤아려 볼 것을 요구한다. 이 과정에서 클라이언트의 내부와 외부에 존재하는 자원목록들이 작성될 수 있다.

이를 실천하기 위해서는 사례관리자의 의식적인 노력과 더불어 클라이언트의 협조 또한 요구된다. 클라이언트는 종전의 수동적인 입장에서 탈피하여 자신의 문제를 해결하기 위해 사회복지사와 공동으로 노력하는 자세를 가져야 하며, 협력적 작업이 수행되어야 한다. 또한 협력적 관계 속에서 클라이언트는 자신과 자신을 둘러싼 지지체계 또는 환경에 대해 진솔한 진술을 해야 한다. 클라이언트와 클라이언트의 지지체계 또는 환경이 강점관점 사회복지실천 과정 속에서 중심적 역할을 하게 된다.

여기서 주의해야 할 것은 전통적인 실천의 틀 또는 관점 속에 '강점' 또는 '권한 부여' 등의 용어를 끼워넣는 것만으로 강점관점을 실천하고 있다고 착각하는 일이다. 강점관점에 입각한 진정한 실천을 하기 위해서는 우선 실천 과정에서 사례관리자에 의한 문제 정의, 상황 해석, 개입 처방 등이 철저히 배제되어야 한다. 그 가운데 클라이언트 자신이 어떤 상황으로 변화되길 원하는지, 진정으로 무엇을 하고 싶어 하는지 등에 초점이 맞춰져야 한다.

필요 기술 | 강점 사정 지침

강점 사정의 가이드라인은 다음과 같다(Saleebey, 1996).

- 상황에 대해 클라이언트가 이해하는 것이 중심이 되어야 한다.
- 클라이언트를 신뢰하라.
- 클라이언트가 원하는 것이 무엇인지 발견하라.
- 클라이언트와 그를 둘러싼 환경의(문제가 아닌) 강점을 사정하라.
- 다차원적으로 강점을 사정하라.
- 클라이언트의 독특함을 발견하는 데 사정틀을 사용하라.
- 클라이언트의 언어를 사용하라.
- 사정을 사회복지사와 클라이언트의 공동 작업으로 진행하라.
- 사정의 내용에 대해서는 합의에 이르도록 하라.
- 비난하지 말라.
- 인과적 사고를 지양하라.
- 진단하지 말고 사정하라.

구체적으로 어떤 강점을 사정해야 하는지는 학자마다 다소 다른 의견을 제시하고 있는데, 몇몇 학자의 의견을 종합하여 우리 상황에 맞게 정리한 내용은 다음과 같다(Milley et al., 1995; Saleebey, 2008, 박미은, 2015 재인용).

〈표 6-4〉 강점 사정의 영역

개인 내부의 강점	가족의 강점
• 순발력, 융통성, 인내심, 이해력 • 자발성, 집중력, 책임감, 자존감 • 대처기제, 정서조절, 자기통제력 • 낙관적 사고 및 긍정적 사고 • 신체적 외모 • 자기 인식 • 삶에 대한 애착과 생존력 • 일상생활수행 능력 • 교육 수준 등	• 가족 구성원의 좋은 성격적 특성 • 가족과 클라이언트의 우호적 관계 • 정서적 지지 정도(애정, 관심, 수용) • 경제적·물질적 지지 정도 • 의존과 독립의 균형적 가족관계 • 가족 간 긍정적 의사소통/충분한 대화 • 책임 있는 자녀양육 • 원만한 부부관계 등
대인관계 및 직업 관련 강점	
• 친구 및 중요한 타인과의 긍정적 관계 • 대인관계에서 의사소통, 자기주장 능력 • 갈등처리 능력, 협력과 화합의 능력 • 신뢰관계 형성 능력 • 봉사와 나눔 • 종교활동, 취미, 여가 생활 • 리더십 등	• 직장 경력, 구직의 경력 • 일에 대한 동기나 직업훈련 • 자격증 소지 • 기타 의미 있는 사회생활 경험 • 수입(근로소득)이나 후원금 • 제도적 지원(수급자 등) 등

■ 실전연습

☞ 김 별 사례의 강점을 작성해 본다.

☞ 자신과 자기 가족의 강점을 작성해 본다.

개인 내부의 강점	가족의 강점
대인관계 및 직업 관련 강점	

개인 내부의 강점	가족의 강점
대인관계 및 직업 관련 강점	

학습 4 클라이언트 장애물 파악하기

필요 지식 | 장애물 사정

장애물은 크게 두 가지로 분류된다. 첫째, 클라이언트와 그의 환경 혹은 두 가지 요소에서의 장애물로 클라이언트나 가족의 욕구 혹은 문제해결을 방해하고 있는 것이다. 이것을 클라이언트 내부장애물이라고 한다. 두 번째는 자원의 발견 혹은 네트워킹을 방해하고 있는 장애물로 외부장애물로 설명될 수 있다. 내부장애물과 외부장애물에 대해서 구체적으로 살펴보겠다(한국사례관리학회 편, 2014).

1. 내부장애물

클라이언트와 가족의 내적 장애물은 이들 개인 혹은 가족의 심리적·정서적인 문제와 직접적으로 연결되어 있다. 이와 관련하여 사례관리자가 기본적으로 알아야 할 내용은 정신상태검사, 다양한 임상적 척도, 발류와 밍크(Ballew & Mink, 1993)가 정리한 클라이언트 내부 장애물의 유형 등을 들 수 있다.

1) 정신상태검사

정신상태검사(mental status examination)는 이를 기반으로 클라이언트나 가족의 정신적 건강 상태를 확인하고 이상이 발견될 경우 그 내용을 근거로 정신질환을 진단하기 위해 사용되는 정신의학적 사정 도구이다.

정신상태검사의 내용은 일반적 외모, 태도, 행동, 주의집중력, 지남력, 정동/기분상태, 언어, 지적 능력, 통찰력, 판단력, 기억력, 사고 과정의 장애, 사고 내용의 장애, 지각장애, 자살사고/가능성, 타살사고/가능성, 충동조절능력 등이 해당된다.

2) 발류와 밍크의 내부장애물

발류와 밍크는 그들의 오랜 경험을 기반으로 정신의학적 검사보다 훨씬 보편적으로 적용 가능한 내부장애물의 내용을 정리하고 있다. 그들은 내부장애물을 그 사람 나름대로의 태도, 신념, 가치 등을 만들어 낸 것으로 정리하고, 이러한 내부장애물을 크게 4가지로 정리하고 있는데, 그 내용은 다음과 같다.

- 비관주의
  - 인생경험 : 끊임없이 좌절을 경험했으며, 중요한 사람으로부터 기본적으로 사랑스러운 존재가 아니라는 메시지를 받아왔다. 아동기 학대의 가능성이 크다.
  - 결론 : 얼마나/어떻게 하든지 항상 잘못되어 있다.
  - 감정상태 : 침체, 무관심, 비관적, 하찮음
  - 행동상태 : 무기력, 후퇴, 퇴행
- 비판주의
  - 인생경험 : 비관론자와 유사함
  - 결론 : 항상 불공평한 대접을 받아 왔으며 더 이상 그런 대우를 받을 필요가 없다.
  - 감정상태 : 분노, 실패감
  - 행동상태 : 비판적, 공격적, 트집 잡기
- 운명주의
  - 인생경험 : 유년기에 불안한 삶. 좋은 경험과 나쁜 경험을 다 가지고 있지만 근저는 두려움이 있다.
  - 결론 : 인생은 혼란스럽다, 그리고 예측 불가능하다.

- 감정상태 : 걱정
- 행동상태 : 충동적, 무질서, 계속되는 위기감

- 냉소주의
  - 인생경험 : 배신을 통한 실망 경험
  - 결론 : 나를 이용할 것이다. 나만 자급자족할 것이다.
  - 감정상태 : 외로움
  - 행동상태 : 지나친 독립심, 거리감, 거부

2. 외부장애물

외부장애물이란 클라이언트 자신보다는 외적 환경의 변화가 필요하게 되는 내용으로 외적 환경이 클라이언트에게 어려움이나 장애를 초래하는 것으로 구체적 내용을 몇 가지 유형으로 구분하면 다음과 같다.

- 부적절한 자원
- 자원 이용에 대한 무능력
- 고갈된 자원
- 이차적으로 필요한 자원

실전연습

☞ 김 별 사례의 장애물을 작성해 본다.

☞ 자신을 직업이 필요한 클라이언트라고 가정할 때, 어떠한 장애물이 있는지 작성해 본다.

내부장애물
외부장애물

내부장애물
외부장애물

사회복지사례관리 통합적 욕구 사정 평가

평가영역	평가문항	매우 미흡	미흡	보통	우수	매우 우수
클라이언트 욕구 분석하기	1. 질적, 양적 사례관리 사정도구를 활용하여 클라이언트가 중요하게 생각하는 욕구를 조사할 수 있다.	①	②	③	④	⑤
	2. 클라이언트의 가족체계와 환경의 이해를 위하여 사정도구를 활용하여 욕구 목록을 작성할 수 있다.	①	②	③	④	⑤
	3. 클라이언트의 신체, 심리, 사회, 경제적, 사회관계적 욕구의 우선순위를 정할 수 있다.	①	②	③	④	⑤
클라이언트 자원정보 분석하기	1. 클라이언트가 문제해결을 위해 사용하는 공식적·비공식적 자원의 목록을 만들 수 있다.	①	②	③	④	⑤
	2. 클라이언트의 욕구를 해결하는 데 필요한 비공식적 자원과 지역사회 자원을 파악하여 자원계획을 수립할 수 있다.	①	②	③	④	⑤
	3. 클라이언트와 외부자원을 서로 연결, 협상, 옹호해 줄 수 있다.	①	②	③	④	⑤
클라이언트 강점 찾기	1. 클라이언트의 공식적, 비공식적 관계에서 사용된 성공적 경험을 욕구사정지에 서술할 수 있다.	①	②	③	④	⑤
	2. 사례관리자가 파악한 클라이언트의 긍정적 요소를 목록화할 수 있다.	①	②	③	④	⑤
	3. 클라이언트와 사례관리자 간에 합의한 강점을 목록화할 수 있다.	①	②	③	④	⑤
클라이언트 장애물 파악하기	1. 문제해결을 위한 자원과의 관계를 방해하는 클라이언트의 태도를 조사할 수 있다.	①	②	③	④	⑤
	2. 문제해결을 위한 자원과의 관계를 방해하는 외부적 환경 요인을 조사할 수 있다.	①	②	③	④	⑤
	3. 클라이언트와 외부환경과의 상호관계에서의 장애물을 조사할 수 있다.	①	②	③	④	⑤

[평가결과]

평가영역	문항 수	점 수	점수 ÷ 문항 수
클라이언트 욕구 분석하기	3		
클라이언트 자원정보 분석하기	3		
클라이언트 강점찾기	3		
클라이언트 장애물 파악하기	3		
합 계	12		

☞ 자신의 점수를 문항 수로 나눈 값이 '3점' 이하에 해당하는 영역은 업무를 성공적으로 수행하는 데 요구되는 능력이 부족한 것으로 교육훈련이나 개인학습을 통한 개발이 필요함.

07

Chapter

사회복지사례관리 실행계획 수립

학습 1 사례관리 목표 수립하기

학습 2 사례관리 실행계획 전략 수립하기

학습 3 통합사례회의 실행하기

제7장 사회복지사례관리 실행계획 수립

분류번호 : 0701020405_14v2

능력단위 명칭 : 사회복지사례관리 실행계획 수립

능력단위 정의 : 사회복지사례관리 실행계획 수립이란 클라이언트와 함께 사정내용을 근거로 클라이언트에게 필요한 자원을 설득하고, 통합사례회의를 개최하여 실행계획을 구체화하는 능력이다.

■ 능력단위 요소 및 수행준거

능력단위 요소	수행준거
0701020405_14v2.1 사례관리 목표 수립하기	1.1 클라이언트의 우선순위에 있는 욕구해결 과정에 필요한 다양한 정보를 수집할 수 있다. 1.2 수집된 정보와 클라이언트가 원하는 결과를 바탕으로 욕구해결의 방법을 계획할 수 있다. 1.3 클라이언트에게 욕구해결의 계획을 설명하고, 합의를 바탕으로 사례관리 목표를 수립할 수 있다.
0701020405_14v2.2 사례관리 실행계획 전략 수립하기	2.1 사례관리 목표를 실행하기 위해 다양한 인적·물적 자원에 대한 정보를 수집할 수 있다. 2.2 수집된 정보를 바탕으로 욕구해결 과정에 필요한 자원, 실천 방법을 목록화할 수 있다. 2.3 목록화된 내용을 활용하여 클라이언트와 함께 욕구해결의 우선순위를 결정할 수 있다. 2.4 욕구해결 전략분석을 통하여 실행계획서를 작성할 수 있다.
0701020405_14v2.3 통합사례회의 실행하기	3.1 사례회의에 필요한 회의 자료를 작성할 수 있다. 3.2 사례관리팀과 관련 협력팀 간의 일정을 조정하여 사례회의를 개최할 수 있다. 3.3 인테이크와 욕구사정 과정에서 수집된 정보를 기반으로 클라이언트의 상황을 자원들에게 이해하도록 설명할 수 있다. 3.4 클라이언트의 욕구 해결 방안을 모색하고 자원들이 역할을 분담할 수 있도록 조정하여 결과보고서를 작성할 수 있다.
0701020405_14v2.4 자원 활용 계획하기	4.1 클라이언트의 욕구해결을 위한 필요한 자원을 목록화할 수 있다. 4.2 목록화된 자원을 중심으로 클라이언트에게 필요한 자원활용 방법을 분석할 수 있다. 4.3 분석된 자원활용 방법을 근거로 하여 클라이언트 문제욕구 과정에 필요한 자원을 설득하여 참여하도록 할 수 있다.

능력단위 요소	수행준거
0701020405_14v2.5 클라이언트와 계약하기	5.1 클라이언트와 함께 해결해야 할 욕구에 대한 사례관리 실행계획을 확정할 수 있다. 5.2 확정된 사례관리 실행계획에 대한 계약의 의미를 설명하고 동의를 얻을 수 있다. 5.3 클라이언트의 동의를 얻은 사례관리 실행계획에 대한 계약서를 작성할 수 있다.

■ 선수 학습

인간과 사회환경에 대한 심리사회이론, 생태체계이론, 생애발달이론, 사회복지사의 윤리 및 태도

■ 핵심 용어

사례관리, 직접실천, 실행계획, 우선순위, 목표설정, 통합사례회의, 자원 활용

■ 수행 학습 필요 사항

자료 및 관련 서류

- 사례관리운영매뉴얼
- 사례관리세부지침서(사례에 필요한 세부운영지침)
- 인테이크 자료
- 사례관리 관련 각종양식(사례관리 목표계획서, 사례관리 계약서, 자원목록대장, 사례회의록 등)
- 개인정보활용 동의서

장비 및 도구

- 컴퓨터 및 프린터
- 상담실
- 사례관리 파일

학습 1 사례관리 목표 수립하기

필요 지식 및 기술 | 목표 설정

목표설정은 계획수립단계로 계획수립이란, 사정평가에서 나타난 여러 가지 사항들에 대해 변화를 일으키기 위한 목적으로 수립하는 것이다. 계획은 클라이언트의 문제나 상황에 대한 자료수집과 사정이 이루어진 후에 수립하며, 사회복지사와 클라이언트와의 공동의 합의적 노력이 강조되는 단계이다. 목표설정에 관해서 자세히 살펴보기로 한다(구금섭 외, 2014; 양옥경 외, 2010).

1. 개 념

① **목적**(goal) : 장기적이고 추상적인 개념으로 개입의 노력을 통해 얻고자 하는 궁극적인 결과

② **목표**(objective) : 단기적, 세분화, 구체적, 추정 가능, 문제해결하기 위해 달성해야 하는 것으로 '문제가 해결된 상태' 혹은 '개입을 통해 일어나기를 바라는 변화'이다. 클라이언트가 현 상황에서 벗어나기 위한 바람직한 변화의 방향이다.

③ **목표설정** : 명시적이며 측정 가능한 것으로 현실적으로 달성 가능한 것으로 한다.

2. 목표설정의 의의

사회복지사와 클라이언트가 달성하고자 하는 목표에 대해 확실한 동의가 요

구된다. 원조과정의 방향과 지속성을 제공하며 불필요한 과정을 사전에 방지한다. 적절한 전략과 개입방법의 선택 및 향상에 도움을 제공한다. 구체적인 목표를 사회복지사와 클라이언트가 진행과정을 점검하는 것을 도우며 특정한 개입과 실천과정 효과성(목표달성 정도)을 측정하는 기준이 된다.

3. 목표설정의 필요성

① 개입과정에서의 방향을 명확하게 제시한다.
② 개입결과를 평가할 수 있는 기준이 된다.
③ 개입전략방법을 선택하고 개발할 수 있게 한다.
④ 클라이언트의 변화 정도를 모니터할 수 있다.
⑤ 사회복지사와 클라이언트가 성취하려는 목표가 같음을 보증한다.

4. 목표의 유형

- 다른 사람의 관계를 변화시키거나 그 사람에 대한 자신의 인식을 변화시키는 것(예 부부관계를 원만히 하는 것)
- 중대한 결정을 내리는 것(예 미혼모가 아이를 입양시킬 것인가 아니면 유산시킬 것인가)
- 자신과 타인에게 혹은 환경에 부정적인 행동(증상 포함)을 변화시키는 것(예 수업 중 아이의 산만한 행동을 감소시키는 것)
- 주변의 환경이 좀 더 클라이언트의 욕구에 반응하도록 변화시키는 것(예 장애인을 위한 주거환경을 변화시키는 것)
- 필요한 자원이나 정보를 구하는 것(예 실업자가 공공근로에 대해 알아보는 것)
- 기능적인 사회적 역할 수행에 필요한 기술을 익히는 것(예 부모교육을 통해

자녀 양육에 필요한 기술을 익히는 것)

5. 목표 설정을 위한 지침

- 목표는 명료해야 한다. 달성하고자 하는 단일한 결과를 위해서 언제까지 무엇을 할 것인지에 대해 행동적 용어로 기록하여야 한다.
- 목표는 클라이언트가 희망하는 결과와 관련이 있어야 동기 부여가 가능하다.
- 목표는 명백하게, 측정 가능한 형태로 진술되어야 한다(예 '부부관계 향상'보다는 '서로의 감정을 이해하는 말이나 칭찬의 증가').
- 목표는 달성 가능해야 한다. 또 다른 실패로 실망과 부정적 자아상을 경험하지 않도록 목표는 작더라도 달성 가능한 것으로 하며 목표 달성을 통해 클라이언트가 성취감을 느낌으로써 문제해결능력을 향상시킬 수 있도록 동기 부여를 한다.
- 목표는 성장을 강조하는 긍정적 형태로 기술되어야 한다. '비난하지 않기'보다는 '칭찬하기' 또는 '눈감아 주기'로 한다. '~을 하지 않는 것'은 문제행동의 상실을 의미하지만 '~을 하는 것'은 긍정적 행동을 얻는 것을 의미한다. 잃는 것보다는 얻는 것이 변화의 동기를 더 많이 제공하게 된다.
- 사례관리자는 목표 설정 과정에서 클라이언트가 경험하고 있는 감정에 민감해야 한다. 대부분의 클라이언트는 변화를 원하지만 실제로 변화에 대해서 두려움과 불안을 경험한다. 이것이 목표 설정에 대한 거부나 수동적인 태도로 표현되기도 한다. 그래서 클라이언트가 변화에 대해 동의하고 두려움을 해결한다는 목표를 우선하여 설정할 수도 있다.
- 목표는 사례관리자의 지식과 기술에 상응하는 것이어야 한다. 사례관리자는 직접적인 실천 이론과 기술뿐 아니라 지역사회 자원망의 개발 및 연계를 위한 능력을 갖추어야 한다.

- 목표는 반드시 기관의 기능과 일치해야 한다. 예를 들어, 정신질환으로 인해 가족관계, 경제, 자녀양육 등의 문제를 해결하고자 하는 목표를 가진 클라이언트의 경우는 주요 문제인 정신건강에 대해 전문적인 개입을 할 수 있는 정신건강복지센터에서 사례관리를 제공하는 것이 적절하다.
- 목표 달성을 위해서 유용하고 기대되는 차원을 최대한 포함해야 한다.
- 목표 설정을 기록으로뿐만 아니라 클라이언트와 자원제공자들이 직접 대면하여 서로 의사소통을 통하여 결정하도록 한다.
- 목표는 기록되어야 한다. 기록된 목표는 기억을 도와서 사례관리자와 클라이언트가 계획된 바에 따라 일관성 있는 행동을 할 수 있게 하고 슈퍼바이저가 그 과정을 평가할 수 있게 된다.
- 목표설정을 위한 지침은 SMART 형식으로 축약되어 설명되기도 한다.
  - 구체성(Specific)
  - 측정 가능성(Measurable)
  - 성취 가능성(Achievable)
  - 현실성(Realistic)
  - 시기적절성(Timely)

■ 실전연습

☞ 김 별 사례의 목표를 설정해 본다.

☞ 이번 학기 본인의 욕구에 따른 목표를 설정해 본다.

2차 직무능력평가 ⑦_ 사정, 면담목표 수립 및 세부 계획, 우선순위

우선 순위	제시된 욕구(문제)	서비스 계획	목표 설정

학습 2 사례관리 실행계획 전략 수립하기

필요 지식 및 기술 | 사례관리 계획 수립의 실천

1. 계획 수립 단계의 실행과정

사례관리자의 계획 수립을 위한 실천 과정을 정리하면 다음과 같다(권진숙 · 박지영, 2008; 박미은, 2015).

1) 1단계 : 욕구사정 내용에 대한 숙고

- 사정단계에서 이루어진 욕구사정 내용을 종합적으로 정리하고 분석하여 계획수립의 근거가 되는 욕구사정 평가내용이 과연 적절하고 현실성이 있는지를 최종 검토하고 숙고하는 작업이 필요하다.
- 사례관리자의 이러한 최종 검토는 대상자를 피상적으로 이해하지 않고 그의 삶을 본질적으로 이해하며 변화에 대한 진정한 기대를 반영하는 것이다.
- 대상자도 이 과정을 통해 삶의 의지를 북돋고 변화의 동기를 확인하는 기회가 된다. 이는 결과적으로 문제해결에 걸림돌이 되는 내 · 외적 장애요인을 극복하는 의지로 작용할 수 있다.

2) 2단계 : 장 · 단기 변화목표 수립

- 변화목표 설정은 대상자와 충분히 의논한 결과로 합의된 것이어야 하며, 적절한 타협이나 사례관리자의 일방적인 판단과 유도에 의해 결정되는 것이 아니어야 한다. 협력과정을 통해 함께 만들어 내는 것이다.
- 계획수립은 기본적으로 1년을 단위로 하되, 여건에 따라 재수립될 수 있

다. 이런 맥락에서 장기목표는 최소한 6개월 이상의 기간이 소요되는 것이며, 단기목표는 3개월 전후로 달성 가능한 것을 말한다. 장・단기 목표는 큰 틀에서 관련성이 있어야 한다. 일반적으로 제시된 욕구는 장기목표(최종목표)와 합의된 목표는 단기목표(단기과제)로 간주할 수 있다.

- 단기목표는 가능한 클라이언트가 중요하게 생각하고 시급성이 있고, 달성 가능한 것부터 설정하는 것이 좋다.

3) 3단계 : 서비스 제공자/기관의 선정

- 목표달성을 위해 누가 어떻게 참여하고 협력할 것인지를 선정한다. 이때 사례관리자 혼자 하는 것보다는 기관 내・외부의 사례회의 등을 거쳐 최선의 계획을 설정하는 것이 좋다.
- 서비스는 내・외부 공식자원을 비롯하여 클라이언트의 비공식적 지원이나 지지체계도 함께 참여시키는 것이 필요하다.
- 잠정적인 서비스 기관이나 제공자가 선정된 후에는 그들을 접촉하여 가능성을 확인하고 협력을 촉구하며, 서비스제공에 대한 동의를 얻는다. 그리고 이러한 결과를 대상자에게 알려준다.

4) 4단계 : 시간계획 수립

- 정해진 서비스를 어느 정도의 기간 동안 어떤 주기로 받을 것인지에 대해서도 계획을 수립한다.
- 외부 기관을 활용할 때는 시간계획을 해당 기관에 일방적으로 위임하기보다는 가능한 한 대상자의 목표달성에 도움이 되는 수준에서 충분한 서비스가 제공되도록 협조를 구하는 것이 좋다.
- 시간계획은 고정되어 있는 것이 아니라, 상황변화에 따라 융통성을 갖고 다시 계획할 수 있다.

5) 5단계 : 계약수립

- 장・단기 목표 및 서비스 제공기관, 그리고 시간계획이 확정되면 대상자와의 계약이 필요하다. 계약서에 들어갈 사항은 기관 사정에 따라 달라질 수 있으나, 가능한 한 서비스 계획표의 하단에 대상자 혹은 의뢰인이 직접 서명하도록 하는 것이 좋다.
- 대상자와 계약을 수립할 때는 문제를 해결하거나 삶이 변화하기 위해서는 대상자의 적극적인 참여가 중요하고, 주변인들과 공동으로 협력하는 것이 필요하다는 것을 인식하도록 해야 한다.

6) 6단계 : 서비스계획표의 공유

- 서비스계획표가 완성되면 이를 대상자와 공유하도록 한다. 대싱자에게도 사본을 주어 전체 진행과정을 쉽게 알 수 있도록 하녀, 자신이 해야 할 역할과 과제를 인식하도록 한다.
- 차후 상황이 바뀌어 서비스계획표가 수정되어야 할 경우, 그때도 위와 유사한 과정을 거쳐 대상자가 수정된 계획표에 대해 충분히 알고 있어야 한다.

2. 계획 수립 단계의 기록

개입계획 수립 단계에서는 사정양식과 직접 연결되는 '사례관리 계획 및 평가표'를 작성하게 된다. 이 양식에 포함되는 내용은 우선순위를 통해 걸러진 제시된 욕구와 합의된 목표, 실천 계획, 연계기관, 계획의 개시일과 목표 달성 시점 그리고 목표 달성 여부의 확인을 포함하고 있다. 다음의 '사례관리 계획 및 평가표'는 사례관리실천 계획과 평가를 한 장에 기록함으로써 계획의 실행과 평가를 일관적으로 실천할 수 있다. 이 양식의 작성방법은 다음과 같다(한국사례관리학회 편, 2014).

- **우선순위** : 사례관리 사정표에서 우선순위화한 욕구를 순서대로 재정렬하여 기록한다.
- **제시된 욕구** : 사례관리 사정표에 있는 제시된 욕구를 기록한다. 이때 누구에 의해 제시된 욕구인지 함께 기록한다. 클라이언트의 진술을 그대로 표기한 제시된 욕구는 변화 목표가 클라이언트가 제시한 욕구를 해결하기 위해 합의한 목표임을 알 수 있게 함으로써 클라이언트의 이해와 참여를 독려하고 사례관리자로 하여금 욕구를 기반으로 실천을 할 수 있게 한다.
- **욕구 수준** : 사례관리 계획 단계(개입 전)와 평가단계(개입 후)에 제시된 욕구의 심각도를 10점 척도로 평가하여 기록한다. 클라이언트가 주관적으로 평가한 욕구에 대한 심각도의 하위 수준(심각하지 않다)을 1점으로 하고 상위 수준(매우 심각하다)을 10점으로 하여 평가하도록 안내하고 결과를 기록한다.
- **합의된 목표** : 합의된 목표는 장기목표와 단기목표로 세분화할 수도 있다. 합의된 목표는 행동적이고, 가시적이며, 수치화할 수 있도록 기술하며 단문으로 기술한다. 3개월 이내 재사정을 통해 다음 단계로 진행할 수 있도록 한다. 각각의 욕구에 대한 합의된 목표는 복수로 설정이 가능하지만 3가지를 넘지 않는 것이 좋다.
- **실천 계획** : 합의된 목표를 달성하기 위한 실천 방법으로서 계획의 실행자, 장소, 관련 자원 등을 포함해 구체적으로 기술한다. 이때 어떠한 형태나 규모라도 클라이언트의 역할을 반드시 포함하도록 한다.
- **빈도** : 실천 계획에 의한 주당 서비스 제공 횟수 또는 담당자들의 해당 역할 활동 횟수를 기록한다.
- **담당** : 실천 계획을 실행할 사람(기관)으로서 기관 내부자의 경우 부서와 담당자의 이름을, 기관 외부자의 경우 기관명과 담당자의 이름을 기록한다. 클라이언트 또는 가족 역시 담당자가 될 수 있다. 내부와 외부의 기관이 공동으로 담당할 경우에는 모든 기관을 기록하며 해당 서비스의 주 담

당자(기관)를 표시한다.

- **개입기간** : 해당 실천 계획의 실제적인 실행 기간으로 기간의 종료일은 목표달성일과 평가일이 된다.
- **평가** : 각 실천 계획의 실행 종료일 또는 정기적 재사정일에 목표 달성 여부에 관해서 평가한다. 평가 결과는 '달성', '연장', '재사정'으로 구분하여 √표를 하고 그에 대한 설명을 기록한다. '달성'으로 평가된 경우 목표 달성 정도를 클라이언트가 10점 척도로 평가하여 기록한다.
- **계약서** : 전체적인 실천 계획을 수립한 후 대상자(또는 후견인)에게 내용을 설명하고, 서비스 실행과 참여에 관한 계약서를 작성한다. 계약 과정에서는 사례관리사와 클라이언트 및 후견인(가족)의 역할에 관해서 구체적으로 합의한다. 사례관리자와 클라이언트는 각각 사인한 원본을 나누어 가지며 이것을 서비스 실행에 대한 점검과 평가를 위해 사용한다.

■ 실전연습

☞ 김 별 사례의 사례관리 계획 및 평가표를 작성해 본다.

사례관리 계획 및 평가표

사례 번호		성명		사 례 관리자		일자		유형	□ 신 규 □ 재사정	사례관리 수 준	□ 기본 □ 종합 □ 특정사례관리

우선 순위	제시된 욕구		합의된 목표	실천계획	빈도 (회/주)	담당(기관(부서)/담당) 내부	담당(기관(부서)/담당) 외부	개입기간	평가
									□ 달성(정도 :) □ 연장 □ 재사정
	욕구 수준	개입 전 ( )/ 개입 후 ( )							
									□ 달성(정도 :) □ 연장 □ 재사정
	욕구 수준	개입 전 ( )/ 개입 후 ( )							
									□ 달성(정도 :) □ 연장 □ 재사정
	욕구 수준	개입 전 ( )/ 개입 후 ( )							
사례관리자 역할									
클라이언트(가족) 역할									

상기와 같은 서비스 제공 및 이용에 동의하며, 계획된 목표를 성취하기 위해 적극적으로 참여하고 협력할 것을 상호 약속합니다.

년 월 일

성명 : (인) 후견인 : (인) 사례관리자 : (인)

| 그림 7-1 | 사례관리 계획 및 평가표

예시)

사례관리 계획 및 평가표

관리번호	0811-006	대상자	김OO	사례관리자	최OO 주임	일 시	2008.12.24	유 형	■신규 □재사정	사례관리 수 준	□ 긴급 ■ 지속 □ 일반

우선 순위	제시된 욕구	합의된 목표	실천계획	빈도 (회/주)	담당(기관(부서)/담당) 내부	담당(기관(부서)/담당) 외부	개입기간	평 가
1	나도 모르게 내 이름으로 핸드폰이 여러 회사에서 개통되어 미납금이 300-500만원 됐대요	명의도용에 대한 법적 문제를 해결한다	명의도용의 구체적 상황 및 신고 절차를 파악한다	상시	최OO 사례관리자	김OO 대상자	08.12.24 - 12.30.	□달성(정도:) □연장 □재사정
	욕구 수준 개입전(8)/개입후( )		명의도용 신고 및 절차를 진행한다.	상시		김OO 대상자	08.12.24. - 01.31.	□달성(정도:) □연장 □재사정
2	OO대학병원 신경정신과를 다니고 있는데 [illegible] 병원으로 옮기고 싶어요	우울증 치료를 유지한다	신경정신과 외래진료를 위한 차량을 지원한다	월1회		재가복지봉사센터(김OO 복지사)	08.12.24 - 09.01.31	□달성(정도:) □연장 □재사정
	욕구 수준 개입전(7)/개입후( )		여성의사가 진료하는 인근 병원을 물색한다	주1회	최OO 사례관리자			
3	둘째 아이가 천식...의사 선생님이 천식기계를 사면 입원을 자주 안한대요	가정용 천식치료 기계를 구입한다.	필요한 천식치료 기계의 모델과 비용을 확인한다	주1회		(주)김OO 대상자 성모병원(김OO 원장)	08.12.24 - 09.01.31	□달성(정도:) □연장 □재사정
	욕구 수준 개입전(6)/개입후( )		치료기 구입을 위한 후원자원을 탐색한다	주1회	최OO 사례관리자		09.01.02. - 03.31	□달성(정도:) □연장 □재사정
4	분유값과 기저귀를 지원해주었으면 좋겠어요 욕구 수준 개입전(4)/개입후( )	육아용품을 지원받는다	분유와 기저귀를 지원한다.	월1회		보건소(김OO 주사)	2008.12.24 - 2009.03.31 (3개월)	□달성(정도:) □연장 □재사정

상기와 같은 서비스 제공 및 이용에 동의하며, 계획된 목표를 성취하기 위해 적극적으로 참여하고 협력할 것을 상호 약속합니다.

2008년 12월 24일

성명 : 김 O O (인) 후견인 : 없음 /관계 : (인) 사례관리자 : 최 O O (인)

출처 : 한국사례관리학회(2014).

학습 3 통합사례회의 실행하기

필요 지식 및 기술 | 사례회의 개최

1. 사례회의 개념

사례회의는 대상자 선정, 종결 시에는 필수적으로 진행되어야 하며, 다음의 경우에는 필요에 따라 수시에 실시 가능하다(보건복지부, 2017).

- 대상자 구분, 선정 및 사례관리 가구에 대한 서비스 제공 계획 수립
- 대상자 및 가구의 욕구 변화 및 문제 해결 정도 점검, 서비스 제공 점검
- 개입방법 변경, 장·단기 목표 및 서비스 계획 수정 등

1) 통합사례회의

복합적인 욕구를 가지고 있으며, 다양한 서비스를 필요로 하는 사례관리 클라이언트의 경우, 지역사회 내 다양한 서비스 조직과 연관되어 있는 경우가 대부분이다. 따라서 이러한 클라이언트를 효과적으로 돕기 위해서는 지역사회기관들이 협력적으로 활동하는 통합사례관리체계의 구축과 활용이 필요하다.

통합사례관리팀의 구성은 사례관리 클라이언트의 삶에 영향을 미칠 수 있는 공공과 민간의 다양한 주체들이 참여하는 것이 바람직하며, 다학제적인 전문가들이 참여할 수 있도록 개방성을 높이는 것이 바람직하다. 지역 여건에 따라 달라지겠지만 지역사회 서비스제공자에는 행정복지센터, 정신건강복지센터, 보건소, 지역아동센터, 아동보호전문기관, 노인보호전문기관, 병원 의료사회복지팀, 종교단체 등과 같이 사회복지와 밀접한 관련이 있는 조직에 근무하는 전문가들이 포함된다. 통합사례관리체계는 정형화된 체계가 아니므로 필요와 상

황에 따라 다양한 지역사회전문기관 또는 사람들이 유연하게 합류할 수 있도록 한다. 통합사례관리체계에 참여한 구성원들은 클라이언트와 가족의 변화를 지원하는 행동체계로서 역할을 하기도 하고 자원이나 서비스를 제공하는 역할을 수행하기도 한다.

통합사례관리체계에 참여하는 기관과 담당자들은 통합사례회의에 참석하여 다음과 같은 활동을 실시한다(한국사례관리학회, 2014).

- 사례에 대한 정보 공유
- 사정에 대한 자문
- 개입방안과 자원의 활용, 사례 개입을 위한 역할 분담
- 주 사례관리기관의 조정
- 통합사례회의 상정 사례에 대한 정기적인 점검과 재사정, 평가 결과 공유, 종결 여부의 확정

2) 솔루션 회의

사례관리실천 시 심리사회적 문제뿐 아니라 폭력, 알코올, 의료적, 정신과적인 문제 등으로 매우 복합적인 문제를 표출하거나 만성적인 문제 상황에 빠져서 해결의 실마리가 보이지 않는 고위험 사례들이 자주 발생하는데 이러한 어려움에 효과적으로 대처하기 위하여 솔루션체계를 두도록 한다. 솔루션체계는 사례관리 조직이 풀어나가기 힘든 복잡한 사례에 대해 자문을 제공하는 전문적 지원체계를 의미한다. 솔루션체계는 관련 분야 교수, 사회복지 현장전문가, 의사, 사례관리 전문가, 상담 관련 전문가, 변호사, 지방자치단체의원, 지역복지대표협의체의 위원 등 지역을 기반으로 한 통합사례관리에 필요한 인사로 구성하는 것이 바람직하다. 이러한 솔루션체계는 사례에 대한 임상적인 자문과 행정적인 심의와 판정 나아가서는 관련 제도의 변화를 위한 정책 제언 등의 기능을 수행한다. 솔루션체계는 정기적인 회의를 개최하도록 하여 사례관리실천을

지원한다(한국사례관리학회, 2014).

2. 사례회의 진행방법[1)]

1) 사전준비

- 회의참가자 참석 여부 확인
- 회의자료 준비(대상자 개요, 주요 욕구와 문제와 논의할 안건에 대해 기록)

2) 사례회의 진행

- 참여기관과 참석자 소개
- 서비스 제공을 위해 필요한 범위 내에서 각 기관에서 알고 있는 대상자 정보를 공유
- 동료 슈퍼비전을 먼저 실시하고 해결되지 않는 경우 전문가 슈퍼비전을 진행
- 동원 가능한 자원의 장・단점을 확인하고 참석자들이 연계할 자원을 함께 선택
- 장・단기 목표달성을 위한 주 사례기관과 협력기관의 역할 분장
- 자원이 없을 경우 자원을 개발할 것인지, 직접서비스를 제공할 것인지, 사례를 의뢰할 것인지, 제외대상으로 구분할 것인지에 대하여 논의
- 사례회의 정리 및 차후 일정 조율

1) 읍면동 맞춤형 복지 업무매뉴얼(보건복지부, 2017)을 참고하여 작성하였다.

3) 사례회의 기록

- 다음에 제시된 양식대로 작성함

사례회의록

사례관리번호		대상자명	
회의차수		회의일시	
작성자		소속기관	
회의제목			
회의내용			
회의결과			
내부참석자			
외부참석자 (수행기관 종사자 등)			
외부참석자 (외부전문가)			
차기회의 예정일시			

| 그림 7-2 | 사례회의록

출처 : 보건복지부(2017).

사회복지사례관리 실행계획 수립 평가

평가영역	평가문항	매우 미흡	미흡	보통	우수	매우 우수
사례관리 목표 수립하기	1. 클라이언트의 우선순위에 있는 욕구해결 과정에 필요한 다양한 정보를 수집할 수 있다.	①	②	③	④	⑤
	2. 수집된 정보와 클라이언트가 원하는 결과를 바탕으로 욕구해결의 방법을 계획할 수 있다.	①	②	③	④	⑤
	3. 클라이언트에게 욕구해결의 계획을 설명하고, 합의를 바탕으로 사례관리 목표를 수립할 수 있다.	①	②	③	④	⑤
사례관리 실행계획 전략수립하기	1. 사례관리 목표를 실행하기 위해 다양한 인적·물적 자원에 대한 정보를 수집할 수 있다.	①	②	③	④	⑤
	2. 사례관리 목표를 실행하기 위해 다양한 인적·물적 자원에 대한 정보를 수집할 수 있다.	①	②	③	④	⑤
	3. 목록화된 내용을 활용하여 클라이언트와 함께 욕구해결의 우선순위를 결정할 수 있다.	①	②	③	④	⑤
	4. 욕구해결 전략분석을 통하여 실행계획서를 작성할 수 있다.	①	②	③	④	⑤
통합사례회의 실행하기	1. 사례회의에 필요한 회의 자료를 작성할 수 있다.	①	②	③	④	⑤
	2. 사례관리팀과 관련 협력팀 간의 일정을 조정하여 사례회의를 개최할 수 있다.	①	②	③	④	⑤
	3. 인테이크와 욕구사정 과정에서 수집된 정보를 기반으로 클라이언트의 상황을 자원들에게 이해하도록 설명할 수 있다.	①	②	③	④	⑤
	4. 클라이언트의 욕구 해결 방안을 모색하고 자원들이 역할을 분담할 수 있도록 조정하여 결과보고서를 작성할 수 있다.	①	②	③	④	⑤
자원 활용 계획하기	1. 클라이언트의 욕구해결을 위한 필요한 자원을 목록화할 수 있다.	①	②	③	④	⑤
	2. 목록화된 자원을 중심으로 클라이언트에게 필요한 자원활용 방법을 분석할 수 있다.	①	②	③	④	⑤
	3. 분석된 자원활용 방법을 근거로 하여 클라이언트 문제욕구 과정에 필요한 자원을 설득하여 참여하도록 할 수 있다.	①	②	③	④	⑤
클라이언트와 계약하기	1. 클라이언트와 함께 해결해야 할 욕구에 대한 사례관리 실행계획을 확정할 수 있다.	①	②	③	④	⑤
	2. 확정된 사례관리 실행계획에 대한 계약의 의미를 설명하고 동의를 얻을 수 있다.	①	②	③	④	⑤
	3. 클라이언트의 동의를 얻은 사례관리 실행계획에 대한 계약서를 작성할 수 있다.	①	②	③	④	⑤

[평가결과]

평가영역	문항 수	점 수	점수 ÷ 문항 수
사례관리 목표 수립하기	3		
사례관리 실행계획 전략수립하기	4		
통합사례회의 실행하기	4		
자원 활용 계획하기	3		
클라이언트와 계약하기	3		
합 계	17		

☞ 자신의 점수를 문항 수로 나눈 값이 '3점' 이하에 해당하는 영역은 업무를 성공적으로 수행하는 데 요구되는 능력이 부족한 것으로 교육훈련이나 개인학습을 통한 개발이 필요함.

08

Chapter

사회복지사례관리 직접실천

제8장 사회복지사례관리 직접실천

분류번호 : 0701020406_14v2
능력단위 명칭 : 사회복지사례관리 직접실천
능력단위 정의 : 사회복지사례관리 직접실천이란 가정방문, 상담, 집단 활동을 통하여 사례관리자가 클라이언트의 내적 장애물을 상담, 긴급 상황 개입, 교육·정보제공, 지지를 함으로써 클라이언트의 문제해결 역량을 강화하는 능력이다.

■ 능력단위 요소 및 수행준거

능력단위 요소	수행준거
0701020406_14v2.1 클라이언트의 내적 장애물 상담하기	1.1 모니터링을 통해 클라이언트의 문제해결에 장애가 되는 개인 심리 내적 요인을 파악할 수 있다. 1.2 발견된 내적 장애물이 어떤 영향을 미치고 있는지 통찰하도록 돕는다. 1.3 분석된 내용을 근거로 클라이언트와 해결방안을 함께 합의하여 결정할 수 있다. 1.4 합의된 해결방안에 따라 지속적 가정방문, 정기적 만남을 통한 상담, 집단·가족활동을 진행할 수 있다.
0701020406_14v2.2 클라이언트 긴급상황 개입하기	2.1 클라이언트의 위기상황에 대한 객관적 정보를 수집하여 신속하게 사정할 수 있다. 2.2 필요에 따라 위기상황 해결을 위한 긴급 솔루션회의를 개최할 수 있다. 2.3 긴급한 상황 대처에 따른 적절한 기관의 정보를 활용하여 신속한 자원배치를 할 수 있다.
0701020406_14v2.3 클라이언트 문제해결 역량 강화하기	3.1 클라이언트의 문제해결을 위해 다양한 정보제공을 할 수 있다. 3.2 클라이언트에게 직접적으로 교육할 필요가 있을 경우 교육과정을 개발·진행·평가할 수 있다. 3.3 클라이언트가 문제해결 과정에서 스스로 강점을 발견하고 자신감을 얻을 수 있도록 지지할 수 있다. 3.4 클라이언트의 강점을 문제해결의 내적 자원으로 활용할 수 있다.

■ 선수 학습

인간과 사회환경에 대한 심리사회이론, 생태체계이론, 생애발달이론, 사회복지사의 윤리 및 태도

■ 핵심 용어

사례관리, 직접실천, 가정방문, 상담, 집단상담, 개입, 교육, 정보제공, 지지, 문제해결

■ 수행 학습 필요 사항

자료 및 관련 서류

- 대상자 인테이크지
- 사례관리사정표
- 사례관리 계획
- 상담일지
- 집단진행일지

장비 및 도구

- 컴퓨터
- 사진기
- 전화기
- 상담실
- 녹음기
- 기관 및 지역사회 내 자원 목록표

학습 1 클라이언트의 내적 장애물 상담하기

필요 지식 및 기술 | 사회복지에서의 직접실천

클라이언트의 내적 장애물을 상담하기 위해서는 기본적으로 인간행동에 관한 기본적 지식과 함께 실천 개입 방법에 대한 이해를 위하여 사회복지실천이론에 대해 숙지하고 있어야 한다. 사회복지실천이론은 정신분석이론, 심리사회모델, 인지행동치료모델, 과제중심모델, 문제해결모델, 해결중심가족치료 이론, 집단 대상 실천 이론 등이 모두 해당된다.

사회복지실천이론과 관련한 구체적인 내용은 '사회복지실천기술론' 교과에서 자세히 다룰 것이기 때문에 여기서는 '인간행동과 사회환경' 교과목에서 학습한 내용을 바탕으로 직접실천 기술이 어떠한 것인지를 중심으로 살펴볼 것이다.

1. 직접실천의 개념 정의

사례관리에 있어 직접실천이란 사례관리자가 '클라이언트가 자신의 욕구를 충족시킬 수 있는 자신의 능력을 강화하도록 지원하는 활동'이며 '자율적이며 자기지향적인 능력을 향상시키도록 노력하는 것'으로 정의할 수 있다. 사례관리자가 제공할 수 있는 직접실천에는 클라이언트의 안전을 위협하는 위기가 발생했을 때 사례관리자가 직접 개입하여 클라이언트를 대상으로 서비스를 제공하는 위기개입은 물론 클라이언트의 문제해결 역량을 강화하기 위한 각종 교육 훈련과 정보제공 활동, 클라이언트의 자발적 자원접근과 문제해결을 방해하는 내적 장애 요인 해결과 동기를 강화하기 위한 각종 협조 활동, 상담치료, 자기 옹호 활동 지원 등이 이에 속한다(한국사례관리학회, 2014). 위기개입은 다음의 학습 2에서 구체적으로 살펴보겠다.

이처럼 일대일 관계를 기반으로 개인의 욕구와 문제해결을 도우려는 개인수준의 직접적 개입의 초점은 주로 클라이언트의 생각, 감정, 행동을 변화시키는 데 있으므로, 면접과 상담기술이 필수적이라고 할 수 있을 것이다. 클라이언트를 위한 직접적 개입활동에서 주로 사용하게 되는 개입기법은 정서・인지에 개입하는 기술, 행동을 변화시키는 기술, 문제해결기술, 사회기술훈련, 자기주장훈련, 스트레스 관리기술 등이 포함된다(김기태 외, 2012; 김혜영 외, 2015). 문제해결기술 등은 학습 3에서 구체적으로 살펴보도록 하겠다.

2. 정서・인지에 개입하는 기술

1) 지지적 방법

원조의 가장 보편적인 형태라고 할 수 있는 지지(support)는 모든 일반주의 사회복지실천가의 활동 전반에서 중요하다. 개입전략으로서의 지지는 클라이언트가 직면하고 있는 외적 위협이 클라이언트 자신이 생각하고 있는 것만큼 위험하지 않다는 확신을 직접적으로 표현하고, 클라이언트에 대한 사회복지사의 관심과 수용 그리고 도우려는 사회복지사의 의지를 전달함으로써 클라이언트의 자신감과 자존심의 결여 및 불안감 등을 감소시켜 주는 효과를 지닌다.

① 수용

클라이언트가 자신에 관해 말한 것을 사회복지사가 시인하든 안 하든 간에 클라이언트에 대해 긍정적이며 이해하고 하는 태도를 계속해서 표시하는 것을 의미한다. 이러한 수용은 사회복지사가 단순히 비심판적 태도를 견지하는 것 이상의 포용을 요청한다. 사회복지사는 무엇보다도 클라이언트의 욕구를 확인한 후 이들 욕구가 충족되기 위해서는 클라이언트 행동 및 태도의 어떤 부분들이 지지되어야 할 것인지를 결정해야 하고 이를 위해 수용적이고 편안하며 클라이언트가 허심탄회하게 자신의 생각과 느낌 등을 이야기할 수 있는 분위기를 형성하는 것이 매우 중요하다.

② 재보증

재보증이란 클라이언트는 도움을 받을 수 있고, 그 상태가 절망적이 아니며, 위험 상황을 성공적으로 조종하고 해결할 수 있을 뿐만 아니라 자신이 인식하고 있는 것보다 더 많은 능력이나 힘을 가지고 있다는 것을 사회복지사가 클라이언트에게 전달하는 방법이다.

③ 격려

격려는 아동을 치료하는 데 있어서 중요한 방법일 뿐 아니라 어려운 과업에 직면해 있거나 정상적인 자신이 약화되어 있고 불안한 상황에 처해 있는 성인들, 즉 위기에 처해 있는 클라이언트들에게도 유용하게 활용될 수 있는 방법이다. 사회복지사의 격려내용이 단지 용기를 북돋우려는 기술에 지나지 않는다고 클라이언트가 의심하게 되면 사회복지사에 대한 신뢰가 상실되므로, 클라이언트의 능력에 대한 신뢰를 표현할 경우 사회복지사는 클라이언트의 능력평가를 정확하게 해야 하며, 클라이언트가 자기 자신에 대해 어떻게 생각하고 있는지에 관해서도 잘 알아야 한다.

④ 일반화(universalization)

일반화는 클라이언트가 자기만이 이런 문제가 있다고 괴로워하는 것에 대해 클라이언트와 비슷한 상황에 놓인 다른 사람들의 그것들과 동일하거나 거의 같다고 말해줌으로써 클라이언트가 다른 사람에 대해 가질 수 있는 이질감, 일탈감, 소외감 등을 해소하고, 자신에 대한 신뢰감과 자신감을 회복시키기 위해 사용되는 기술이다.

⑤ 관심의 구체적 표현

지지에 대한 클라이언트의 욕구가 강하고 불신이나 불안이 심할 경우 클라이언트를 도우려는 사회복지사의 관심과 욕구를 표시하기 위하여 말보다는 어떤 구체적인 서비스가 필요하다. 클라이언트의 이익을 위해 아이를 병원에 데려다 주는 것, 면접시간을 연장하는 것 등과 같은 구체적인 일을 해줌으로써 클라이언트의 신뢰를 획득하는 일이 중요한 것으로 강조되고 있다.

⑥ 비언어적 지지

많은 지지적 기술이 유사언어 및 비언어적 수단에 의해 제공된다. 경청하는 표정, 신체적 표현 등으로 반응을 한다.

⑦ 이차적 지지

사회복지사의 관심과 끊임없는 주의를 전달하는 방법으로서의 질문과 문의, 자연적 치유과정, 자연적 환경 내에서 지지체계가 형성되거나 강화되도록 원조하는 것은 이차적 지지에 해당한다.

2) 정보제공

정보제공이란 의사결정이나 과업수행에 필요한 정보를 제공하는 것을 말한다. 클라이언트가 어떤 결정을 내리고 과제를 수행하는 데 필요한 정보를 제공하는 기술이다. 정보제공에서 중요한 것은 제공되는 정보의 사용 여부가 클라이언트의 자유의사에 달려 있다는 것을 클라이언트가 느끼도록 분위기를 조성하는 것으로, 사회복지사는 특히 클라이언트의 현재의 심리상태를 주의 깊게 고려한 후 정보를 제공하는 것과 클라이언트의 교육수준과 어휘수준에 맞게 정보를 제공하는 것 등에 주의해야 한다. 아울러 클라이언트가 정보를 수용할 정서적인 준비나 의지가 있는지 확인하고 이에 따라 세심하게 정보를 제공해야 하며, 이를 충분히 이해했는지도 확인할 필요가 있다.

3) 조 언

조언이란 클라이언트가 해야 할 것을 추천하거나 제안하는 사회복지사의 진술을 의미한다. 조언이 적당하다고 느끼면 클라이언트는 사회복지사의 선호를 분명히 알아차릴 수가 있으며, 조언은 반드시 클라이언트가 요구할 때 주어야 한다. 조언을 주는 것에는 많은 함정이 있으므로 이 기술을 사용할 때는 매우 신중해야 한다.

4) 환기법(Ventilation)

클라이언트의 문제 또는 억압되어 있는 감정, 특히 부정적인 감정인 분노, 증오, 슬픔, 죄의식, 불안 등이 문제해결을 방해하거나 감정 자체가 문제가 되는 경우 이를 표출하도록 하여 감정의 강도를 약화시키거나 해소시키려고 하는 기술이다.

5) 인지재구조화(Reframing)

인지재구조화란 클라이언트의 왜곡되거나 부정적인 사고구조를 변화시키고, 문제를 다른 시각으로, 즉 새로운 방식으로 이해하도록 돕는 것으로서 자신과 상황을 좀 더 현실적으로 인식하도록 돕는 것이다. 재명명 혹은 재규정이라고도 한다.

6) 초점화(Focusing)

클라이언트가 자기 문제를 언어로 표현할 때 혼돈되거나 산만한 것을 점검해 주고 내용이 모호할 때 클라이언트의 논의 속에 감추어진 선입견, 가정, 혼란된 개념 등이 드러나도록 도와주는 기술을 말한다.

7) 직 면

치료 상황에서 직면이란 치료자가 클라이언트에게 어떤 것을 지적해 주는 행위를 말한다. 즉, 직면은 클라이언트가 장애를 일으키거나 지속시키는 자신의 사고, 감정 혹은 행동의 어떤 측면과 마주하는 것을 말한다. 직면의 목적은 사고나 행동의 과정을 해석하거나 전환시키는 데 있다. 직면을 효과적인 치료 기술로서 사용하기 위해서는 높은 수준의 감정이입을 동반해야 하며 적절한 타이밍의 기술 또한 요구된다. 직면을 사용하는 데는 다음과 같은 지침이 필요하다.

- 효과적인 치료관계가 이루어질 때까지 직면을 사용하지 말 것
- 직면을 남용하지 말 것
- 관심과 주의를 기울이며 온정의 분위기 속에서만 직면을 사용할 것
- 가능한 한 항상 자기직면을 하게 할 것
- 클라이언트가 매우 심한 정서적 긴장을 경험하고 잇을 때에는 직면을 사용하지 말 것
- 감정이입적 반응과 더불어 직면을 사용할 것
- 직면 후에 즉각적인 변화를 기대하지 말 것

3. 행동을 변화시키는 기술

1) 모델링

모델링이란 다른 사람이 하는 행동을 보고 그대로 모방하도록 하는 방법으로 복잡하거나 새로운 행동을 가르치는 데 사용하는 기술로서 클라이언트에게 이 기법을 적용하여 의도하는 행동을 학습시키기 위해 비디오테이프 같은 자료를 활용하기도 한다.

2) 타임아웃(Time-out)

문제행동이 어떠한 상황으로 인해 강화되는 경우 행위자를 상황으로부터 격리시키는 방법이다. 타임아웃기술은 아이들의 나쁜 행동을 수정・변화 시킬 때 아이에게 그 행동으로 받을 수 있는 모든 자극을 차단시켜 주는 방법으로 활용된다.

■ 타임아웃 실시의 예

- 집안에서 타임아웃으로 이용하기 좋은 공간을 찾는다(예 환기가 잘 되고 밝은 조용한 곳, 아동의 침실을 이용헤도 된다).
- 타임아웃을 적용하는 행동을 분명히 한다(예 다른 아이를 때리거나 당신에게 소리를 지를 때마다 타임아웃을 사용한다고 정할 수 있다).
- 표적행동이 일어났을 때마다, 타임아웃 절차를 즉시 사용한다. 아이에게 다가서 규칙을 어겼다는 것을 설명하고 지금부터 일어날 것에 대해 말해준다. 아이를 타임아웃 장소로 데리고 가는 동안 아이를 쳐다보거나 이야기를 해서는 안 된다. 아이가 반항하면 가능한 한 빨리 그 장소로 데리고 간다.
- 미리 정해진 시간 동안 아동을 타임아웃을 실시할 공간에 머물게 한다. 이때 아동의 연령에 따라 시간을 정해야 한다. 아동의 행동이 좋아졌거나 시간이 다 되어가면, 문으로 가서 밖으로 나와 행동을 고칠 것인지를 묻는다.
- 만일 아동이 '예'라고 대답하면 아동을 데리고 나와서 이전의 잘못된 행동을 고치게 한다. 이때 수정한 행동에 대하여 칭찬해 줌으로써 강화시킨다.
- 만일 아동이 '예'라고 대답하지 않거나 소리지르고 울며, 떼를 쓰거나 바람직하지 않은 행동을 한다면, 아동이 적절한 행동을 하고 조용해질 때까지 문에서 멀리 떨어져서 기다린다. 이후 다시 되돌아가서 그 질문을 반복해 본다.
- 우선 아이가 나와서 나쁜 행동을 고치기 전에 여러 차례 아이에게 질문을 해야 한다. 좌절하지 말고 계속해서 이 규칙들을 따르도록 한다.
- 아이가 타임아웃 장소에 가지 않아도 되는 날의 끝 무렵에는 아이에게 특별한 활동이나 권리, 혹은 대접 등을 준비해 두고 좋은 행동에 대한 보상이라고 말해준다.

출처 : 김혜영 외(2015).

3) 토큰(Token)강화

토큰강화는 토큰경제라고도 한다. 토큰강화에서는 표적행동이 정해지며, 그 행동발생에 대한 유관으로 토큰을 지급한다. 토큰은 나중에 정해진 교환율로 토큰강화물과 교환할 수 있다. 토큰강화는 내담자의 바람직한 행동을 강화하는 것을 목적으로 하며, 행동이 일어난 즉시 제공할 수 있고, 모은 토큰을 통해 자신의 행동이 개선되고 있다는 사실을 알게 됨으로써 동기유발 효과가 크다는 장점을 가지고 있다.

■ **토큰강화 실시의 예**

- 토큰강화로 잘한 행동에 대한 표시로 '스티커'를 준다든지 '별 표시'를 해준다.
- 이런 것을 몇 개 모으면 표창을 하거나 원하는 것을 할 수 있는 무엇과 교환해 준다.

출처 : 김혜영 외(2015).

4) 역할전환(Role Reversal)

역할전환은 역할교환이라고도 한다. 주변의 중요한 사람들의 행동이나 감정에 대한 이해를 높이는 데 매우 효과적인 기법으로 클라이언트가 다른 사람의 입장에서 상황을 바라보고 의견을 말하게 하는 방법으로 개인에 대한 기술로도 사용되고, 가족에 대한 개입기술로도 사용된다.

■ **구체적인 활용 방법**

- 사회복지사는 클라이언트의 문제에 관련된 사람들을 확인한다. 현재와 과거의 사람 모두 포함한다.
- 사회복지사는 클라이언트로 하여금 확인된 사람의 입장과 태도를 취해보도록 이끈다.
- 클라이언트로 하여금 본래의 자신과 다른 사람의 입장 사이를 번갈아 오가며 역할을 하도록 하는 것이 효과적이다. 이때 빈의자 기법을 동시에 활용한다. 의자를 두 개 준비하여 역할이 바뀔 때마다 의자를 바꾸어 앉게 함으로써 역할교환을 좀 더 효과적으로 실시할 수 있다. 또한 문제 관련자로 확인된 다른 삶은 클라이언트가 행하는 역할을 관찰하여 잘못된 것을 수정하도록 한다면, 다른 삶에 대한 클라이언트의 이해와 정확도를 극대화시킬 수 있다.

출처 : 백은령 외(2007); 김혜영 외(2015).

5) 행동조성(Shaping)

행동조성이란 한 번에 도달하기 어려운 새로운 행동을 가르칠 때 목표행동에 점차적으로 접근하도록 강화물을 제시하는 방법으로 행동수정의 가장 대표적인 방법이다. 행동조성은 목표행동을 한 번에 달성하기 어려울 때 처음으로 보상받는 기준을 낮게 잡아서 보상을 주고, 점진적으로 보상기준을 높이면서 보상을 주는 방법으로 특정 행동수준까지 끌어올리기 위해 작은 단위의 행동으로 나누어 과제를 주는 것이다.

6) 행동계약

두 사람 이상이 어떤 행동을 하면 어떤 강화물을 받는가, 그리고 누가 그 강화물을 전달하는가에 대해서 명확하게 진술하여 계획·약속하는 것을 말한다.

7) 행동시연(Behavioral Rehearsal)

행동시연은 주어진 문제상황을 어떻게 다룰지 반복적으로 미리 연습하는 것을 말한다. 클라이언트가 특정의 상황에 놓이게 될 경우 그 상황에 맞추어 다른 사람과의 상호작용에서 적절한 행동을 할 수 있도록 미리 준비하여 연습시키는 기법이다.

■ **구체적인 실천과정**

- 클라이언트가 문제를 설명하고, 그러한 상황에서 그가 흔히 하는 행동양식을 보여준다.
- 사회복지사는 좀 더 효과적으로 상황에 임하는 방법을 제시한다.
- 처음에 사회복지사는 역할극을 통해 자신이 클라이언트의 역을 맡아 클라이언트에게 제시한 행동을 보여준다. 다음에 클라이언트가 제시된 행동을 이해하고 준비된 후에는 자신이 그 행동을 수행한다.
- 역할극이 시행된 후 사회복지사는 역할시연의 효과에 대해 설명해 준다. 효과적인 실행을 위해 덧붙일 제안이 있으면 역할극을 다시 실시하여 가장 바람직한 행동을 모색한다.

- 클라이언트가 어떻게 행동할 것인지를 명확히 이해하고 난 후에는 이러한 행동을 반복연습하여 익숙하게 하는 과정이 필요하다.
- 사회복지사의 역할극을 통해 습득한 행동을 면접이 끝난 후에 계속 연습하도록 과제를 준다.

출처 : 백은령 외(2007); 김혜영 외(2015).

수행하기 | 내적 장애물 파악하기

다음의 가상 사례 요약을 보고 내적 장애물과 해결 가능한 요소에 대해 파악해 봅시다.

■ 사건 개요

강철수(가명) 씨는 만 56세로 이웃 주민들의 민원에 의해 의뢰되어 사례관리 대상자가 되었다. 형 강○○집에 무료임차 중(2층 건물의 무허가 자가)으로 클라이언트가 없는 사이 개가 많이 짖고 집에서 나는 악취가 너무 심해서 이웃 주민들의 민원이 많았다고 한다.

사례관리자가 방문 했을 당시 개 4마리가 돌아다니고 있었으며, 도배와 장판이 제대로 이루이지지 않은 상대로 메트리스 위에서 생활하고 있었다. 악취가 매우 심하고, 취사나 세면 등을 할 수 있는 기본적인 환경도 마련되지 않았다. 또한 싱크대, 가스레인지, 냉장고 등 일상생활하는 데에 있어 필요한 가전제품도 전혀 없어 식사 준비 등이 곤란한 상황이었다.

이후 사례관리자는 ○○협회와 연계하여 대청소를 실시한 후 △△△ 봉사대를 통하여 도배, 장판, 전기선 연결, 싱크대 교체 등의 주거환경 개선 및 가전제품 지원이 이루어지도록 하였으며, □□복지센터를 통해 밑반찬 서비스가 이루어지도록 지원하였다.

이후 클라이언트에게 서비스 제공 중 밑반찬 서비스 담당자가 배달 후 나가면서 통에 올려놓은 젓가락을 치고 나가면서 사과도 하지 않고 그냥 가버려 클라이언트는 기분이 상했고, 다음번에 반찬을 주러 와서 밥이랑 같이 먹지 술안주로 먹지 말라며 명령조로 말해 기분이 나빴다고 한다. 그래서 클라이언트는 화가 나 방 벽지를 모두 뜯고, 방으로 들어가는 철제 유리문, 싱크대를 모두 산산조각 나도록 부숴버렸다. 이후 사례관리자에게 밑반찬 배달 서비스 담당자 때문에 너무 화가 나서 다 부숴버렸다고 말하며, 자신이 술 마시는 데 보태준 것도 없는데 쓸데없는 소리 해서 너무 기분 나쁘고 속상해서 눈물이 나고, 없는 사람 무시하는 것처럼 느껴져서 이렇게 하려면 본인은 아무것도 받고 싶지 않다고 이야기하였다. 이후 사례관리자는 센터 담당자에게 가정방문을 요청하여 삼자 대면 후 담당자가 거듭 사과하였으나 지속적으로 화를 내며, 고발하겠다고 하였다.

■ 클라이언트 개인력/가족력 등

클라이언트는 오랜 기간 동안 홀로 지내며 일용직 건설현장 일을 해왔으며, 과거에 도박과 알코올 문제 등으로 가족과 불화가 많았다고 한다. 부모님은 모두 사망하였고, 배우자와 혼인하여 슬하에 1녀를 두었으나 협의 의혼하였다. 딸은 클라이언트 부인과 지냈으며, 현재 전혀 연락되지 않는다고 한다. 도박 빚으로 인해 불법휴대전화 개통, 대부업체 대출 등으로 통장 개설이 쉽지 않은 상황으로 일용직을 전전하며 지냈다. 젊었을 때부터 술은 소주 2병을 하루도 빠지지 않고 마셨다고 하며, 본인도 알코올중독인 것 같다고 인정하지만 어깨, 다리 통증으로 아프기 때문에 더 마신다고 한다. 알코올 상담 치료는 건강보험료 체납과 경제적인 이유 때문에 어렵지만 이 문제가 해결되면 치료 의사는 있다고 밝힌 상태이다. 젊었을 때 우울증으로 약을 복용한 적 있다고 하였다. 지금도 죽고 싶은 마음이 들 때가 많고, 자다가도 팔다리가 덜덜 떨리는 등 잠도 잘 자지 못한다고 사례관리자에게 이야기하고 있는 상황이다.

■ 실전연습

☞ 위 사례에서 발견한 클라이언트의 내적 장애물과 이것의 영향력을 파악하고, 해결방안을 모색해 본다.

발견한 내적 장애물	영향력	해결방안 모색	
		사례관리자 도움	
		클라이언트의 노력	
		사례관리자 도움	
		클라이언트의 노력	
		사례관리자 도움	
		클라이언트의 노력	

학습 2 클라이언트 긴급상황 개입하기

필요 지식 및 기술 | **위기개입**

1. 위기개입의 개념

1) 위기의 개념

정신사회적 성숙의 연속인 각각의 새로운 발달단계에서 유발되고 우발적으로 발생되기도 하는데, 위기상태는 그 자체가 일종의 병이 아니고 안정상태의 혼란, 속은 생의 전환점인 체계의 불균형상태를 의미한다(김기태, 2006).

2) 위기개입의 정의

위기개입이란 위기로 인한 불균형상태를 회복하기 위하여 일정한 원조수단을 개인과 가족 및 집단 그리고 지역사회 등에 적용하는 과정이다.

2. 위기개입의 원리

위기개입의 원리는 여덟 가지로 분류할 수 있는데 각각의 내용은 다음과 같다(김기태, 2006).

1) 신속한 개입

위기에 처한 사람은 혼란상태와 심한 고통상태에 있으며, 위기 그 자체가 실제적인 위험이 될 수도 있다. 한편 위기가 적절하게 잘 해결되면 좋은 기회가 되고, 잘 처리되지 못하면 위험하게 된다. 그리고 위기에는 기회와 위험의 두 가지 측면이 있으며, 시간제한적인 본질을 내포하고 있으므로 즉각적인 개입을 필요로 한다. 사람들은 위기에 처하여 오랫동안 견딜 수 없다. 일반적으로 위기 상태에 들어간 때부터 6주 내에 어떤 형태로든 해결이 된다. 해당기관에서 수일 내에 적절한 해결을 시도하지 못하면, 즉시 도움을 받을 수 있는 곳으로 의뢰를 해야 한다. 만일 의뢰하는 것이 불가능하고, 며칠 후에 클라이언트를 만나야 할 경우에는 그 클라이언트를 만날 때까지 전화연락을 계속할 수 있도록 노력해야 한다.

2) 행 동

위기개입의 기술은 적극적인 성격을 띠고 있으며, 행동에 초점을 둔다. 위기에 처한 사람은 고정되는 경향이 있고, 아무것도 하지 못하고 허둥지둥하며 긴장하게 된다. 비활동적이고 간접적인 과정, 즉 설문지에 답을 하게 하는 것, 감정이나 쟁점에 관하여 깊게 천천히 탐구하고 지연시키는 것은 위기개입에서는 좋지 않다. 사회복지사는 설정한 계획에 따라 적극적으로 돕고 격려하며 면접을 이끌어 가야 한다.

3) 제한된 목표

위기개입의 목표는 평형상태를 회복하는 것이고, 과거와 동일하거나 더 나은 기능의 수준을 획득하게 하는 데 있으며, 최소한의 목표는 파멸을 예방하는 데 있다. 즉, 자살·타살·만성정신질환 혹은 가족해체를 예방하는 데 목표를 두며, 성격의 변화에 목표를 두지 않는다.

4) 희망과 기대

위기에 처하여 절망감을 가진 사람들에게 그들의 문제가 마술적으로 해결될 수 있다는 지나친 희망을 갖게 하는 것은 피해야 하지만, 클라이언트에게 희망을 갖게 하는 것은 중요하다. 이것은 주로 사회복지사의 태도에 의하여 성취된다. 사회복지사로서는 아무런 약속을 하지 않고 기대를 한다. 처음부터 사회복지사는 적극적인 문제해결방법을 활용한다. 사회복지사는 위기가 어떤 양식으로 해결될 것이라고 기대하고, 문제가 해결될 것이라고 기대를 하며, 클라이언트가 기능을 잘 할 것을 기대한다. 과거 위기를 어떻게 해결했는가를 물어보는 것도 도움이 된다. 이것은 현재 문제를 사정하는 데 도움이 되고, 이들 과거 위기를 상기하는 것은 과거에 그것을 처리한 자신을 볼 수 있도록 하는 데 도움이 된다.

5) 지 지

지지는 우선적으로 사회복지사에 의하여 제공되어야 한다. 심각한 위기에 처한 사람에게는 사회복지사 개인의 전화번호를 알려줄 수 있다. 그리고 사회복지기관 · 병원 등과 같은 다른 자원이 용이하면 이들의 전화번호도 알려줄 수 있다. 사회복지사는 가능한 한 신속하게 클라이언트의 사회관계망을 넓히고 강화하도록 노력해야 한다. 이렇게 하는 것이 사회복지사의 업무를 줄일 뿐 아니라 위기를 해결하는 데 도움이 되는 자원을 제공하는 것이 되고, 장차 위기의 가능성을 줄이는 것이 된다.

6) 초점적 문제해결

문제해결이 위기개입 접근법의 중심이라고 할 수 있다. 가능한 한 신속하게 위기과정을 유발시킨 '문제'를 해결하는 데 초점을 두어야 한다. 위기이론에서는 평형상태를 되찾기 위하여 이 문제는 어떤 형태로든 해결되어야 한다고 본다. 우선 문제를 파악하는 데 초점을 두고, 다음에 그것을 해결하는 데 초점을 유지하도록 노력한다. 사건이 일어난 직후에 초기개입에서 하나의 원리는 클라이언트가 조종할 수 있을 만큼 현실에 직면하도록 도우며, 한번에 너무 많이 직면하도록 하지 않는다는 것이다.

7) 자기상

위기에 처한 사람은 아는 지식과 생각을 동원하여 노력을 해보고, 최종적으로 사회복지사의 도움을 받기 위하여 오는 경우가 많다. 따라서 클라이언트는 자기 자신을 실패자로 본다. 사회복지사는 클라이언트의 자기상을 사정하고 이해해야 하며, 어떤 개입절차든지 자기상에 미치는 영향을 고려해야 한다. 그리고 자기상을 보호하고 증진시켜야 한다.

8) 자 립

인간은 퇴행의 경향성을 가지고 있다. 사회복지사는 상황을 사정하고 개입계획을 함에 있어 클라이언트가 함께 참여할 기회를 제공한다. 그리고 사회복지사는 클라이언트의 아이디어를 끌어내고, 그것을 고려하는 것이 바람직하다. 어떤 클라이언트는 계속해서 의존상태에 있으며, 항상 마술적 효과를 추구한다. 자립성을 촉진시키는 기본 원리는 클라이언트 자신이 할 수 있는 것에 대해서는 아무것도 해주지 않는 것이다.

3. 위기개입기술

위기개입기술이란 위기에 처한 개인의 정서적 혹은 정신적인 상태나 행동을 변화시키거나 영향을 미치도록 사회복지사에 의하여 의도적으로 사용되는 방법이다. 위기개입은 문제해결과정의 한 부분으로 간주되기 때문에 사회복지사의 역할에는 다음과 같은 것들이 포함된다. 즉, 사회복지사는 상담자, 충고자, 가능하게 하는 자, 노련한 문제해결자, 분쟁해결의 조정자, 중개인, 의뢰자, 촉진자, 중재자, 토의 리더, 안내자, 자원인, 조정자, 행정가, 사업경영자, 자문을 하는 사람 등의 역할을 담당하고, 여러 가지 유형의 활동을 수행할 수 있다.

이와 같은 역할을 수행하는 사회복지사는 클라이언트의 위기해결을 위하여 다음과 같은 구체적 과업을 수행하게 된다.

① 불안을 감소시킴
② 근래의 경험을 서술하게 하고, 검토하게 하며, 재정리하게 함으로써 지각적·인지적 혼란을 감소시킴
③ 가능한 한 신속하게 클라이언트의 자율감과 통어력을 확대시킴
④ 클라이언트가 갈등을 해결하거나 문제해결의 방법으로써 새로운 순응유형을 발견하도록 돕는 것

개입전략으로서는 보편적인 접근법과 개별적인 접근법을 강조하는 수도 있고, 또 다른 차원에서는 물질적인 원조과업과 심리사회적 과업을 수행하는 데 관심을 가지는 수도 있다. 클라이언트의 상황을 변화시키는 구체적인 기술의 선택은 사회복지사의 준거틀과 전문적인 지식의 배경에 따라 다르다.

4. 사례관리에서 위기개입

사례관리자가 클라이언트의 자기지향 수준 증진을 목적으로 위기 상황에 처한 클라이언트를 위해 직접 개입을 통해 안정된 상태를 만들기 위한 활동이라고 정의할 수 있다. 바튼과 동료들(Barten, et al.)에 의하면 위기란 주거 상실, 중

요한 타인의 사망, 소득 상실 등 어떤 사건이 사람들이 지내고 있는 일상적인 문제해결방식을 압도하는 사건이 발생했을 때, 클라이언트가 어떤 상황에 대해 효과적으로 대처하기가 불가능한 무력한 상태로 남겨졌을 때를 의미한다.

이때 사례관리자들은 신속하게 자원을 사정하고, 자원을 배치하며, 위기로 인한 인지적 회복을 돕는 위기 개입을 수행한다. 사례관리자는 클라이언트의 위기에 그 어느 누구보다도 신속한 서비스를 제공하여야만 한다. 그러나 사례관리자의 본연의 업무를 위해 모든 대상에게 언제까지나 직접서비스를 제공할 수는 없으므로 직접서비스 제공 대상과 기한에 대해 명확한 기준을 가질 필요가 있다(한국사례관리학회, 2014).

■ **실전연습**

☞ 아래에 제시된 사례를 보고 위기개입이 어떠한 형태로 이루어져야 하는지 토의해 본다.

K씨 가족은 남편의 사업 실패 후 지난 5년간 5명의 가족이 단칸방에서 생활해 왔다. 경제적으로 많이 어려워졌지만 남편이 어렵게 택배 일을 시작하여 그런대로 생활해 오던 중, 최근에 K씨의 남편이 택배 일을 하던 도중 교통사고를 당해 의식불명 상태로 입원하게 되었다. 남편의 병 간호를 위하여 K씨가 병원에 매달리게 되면서 아이들은 식사를 거르고 있으며, 특히 세 아이 중 한 명이 수두로 고열과 발진에 힘들어하고 있으나 병원에 같이 가줄 사람이 없다.

학습 3 클라이언트 문제해결 역량 강화하기

필요 지식 및 기술 | **문제해결기술, 사회기술훈련**

1. 문제해결기술

문제해결기술은 일상생활의 문제에 대처하는 능력이 적절하지 못하여 어려움을 겪고 있는 클라이언트에게 좀 더 나은 수준의 기능을 하도록 체계적으로 도와주고, 하나의 원익을 여러 상황에 적용할 수 있도록 한다. 클라이언트는 자신의 문제해결을 위해 체계적으로 접근하는 방법을 배우는 과정에서 사회복지사와의 관계를 통해 타인의 욕구에 반응하고 타인의 입장을 이해하며 그들과 협력하는 과정을 배우게 된다.

문제해결을 돕는 원조과정에서 클라이언트는 합리적인 의사결정 방법을 익혀 충동적이고 비합리적인 결정을 내리지 않게 되고, 해결되지 못한 문제로 인한 스트레스나 역기능적 행동을 감소할 수 있게 된다. 그리고 클라이언트가 실제 생활로 전환할 수 있는 기술을 점차 습득해 감에 따라 사회복지사에 대한 의존도는 점차 줄고 자신감, 자기효능감, 그리고 자존감을 향상시키는 결과를 가져오게 된다. 성공적인 문제해결을 위한 지침은 다음과 같다(김혜영 외, 2015).

1) 성공적인 결과를 얻기 위해서 사회복지사가 지켜야 할 지침

- 관련된 문제를 구체화시키고 문제를 자세하게 언급한다.
  - 애매모호한 용어로 표현하면서 생기는 혼동과 오해를 피할 수 있다.
- 과거의 어려움보다 현재의 문제에 초점을 둔다.
  - 클라이언트가 과거 사건을 들춘다면, 현재에 다시 초점을 되돌리도록

개입해야 한다.

- 한 번에 한 가지 문제에만 초점을 맞춘다.
  - 클라이언트가 여러 가지 문제로 초점을 일탈하였을 때 초점을 맞추는 과제를 함께 만든다.
- 개인의 문제를 나눌 때에는 경청한다.
  - 자기 문제를 털어놓는 사람에게 걱정이나 감정의 타당성에 대한 판단을 중단한다.
- 문제를 긍정적으로 건설적인 방법으로 재구조화한다.
  - 클라이언트가 부정적인 태도를 보일 때 즉각 개입하여 파괴적인 상호작용을 막는다.

2) 문제해결기술을 향상시키기 위한 개입

- 1단계 : 문제를 규명하기
- 2단계 : 문제를 분석하고 참여자들의 욕구를 확인하기
- 3단계 : 가능한 대안을 위한 브레인스토밍
- 4단계 : 참여자들의 욕구를 고려한 대안 평가
- 5단계 : 선택된 대안의 실행
- 6단계 : 결과 평가하기

■ **실전연습**

☞ 현재 자신이 겪고 있는 문제 중의 하나를 선택하고, 문제해결기술훈련 방식으로 대안을 평가해 본다. 이때 의사결정표를 활용해 본다.

의사결정표의 예) 사회복지사와 구타당한 아내가 면접 중 남편에게 돌아가야 할 것인지 아니면 결혼 생활을 정리할 것인지의 결정에 초점을 맞추어 작성한 예

대 안	비 용	이 익
남편에게 돌아간다	• 아마 학대가 계속될 것이다. • 아이들이 공포에 떤다. • 장래에 유사한 어려운 결정을 다시 해야 할 것이다. • 심각하게 상처받거나 살해될 수 있다. • 의료비용	• 가족을 보존하게 된다. • 어려운 결정이 나중으로 미루어진다. • 생활 장소와 돈을 갖게 된다.
남편을 떠나 결혼생활을 끝낸다.	• 장래에 대한 두려움 • 본인과 아이들이 겪는 이혼의 고통 • 생활비 부족 • 법적 비용 • 아이들에 대한 양육권 싸움	• 학대, 고통, 두려움이 끝난다. • 의사결정을 하게 되고, 인생을 새롭게 시작할 수 있다. • 아이들이 신경이 예민해지거나 놀라는 일이 줄어들 것이다. • 스스로 살아갈 수 있는지를 발견할 수 있다. • 새출발의 기회

출처 : 김혜영 외(2015).

2. 사회기술훈련(SST : Social Skill Training)

1) 사회기술훈련의 목적과 적용

사회기술훈련은 사회적 기능과 사회적응력 향상을 위해서 다양한 기술을 가르치는 것으로써 클라이언트에게 현재의 환경 속에서 기대되는 역할수행이나 관계문제, 그리고 생애주기에 수행해야 하는 발달과업 및 문제에 효과적으로 기능하도록 필요한 기술을 습득할 기회를 제공한다.

2) 절차와 내용

사회기술훈련의 구체적인 절차와 내용에 대해 구체적으로 살펴보면 다음과 같다(김혜영 외, 2015).

- **학습목적의 논의 및 기술 설명** : 참여를 높이기 위해 훈련에 필요한 기술에 대해 소개하고 어떤 상황에서 그것이 적용될 수 있는지, 왜 필요한지를

충분히 설명하도록 하여 클라이언트가 받아들일 수 있도록 하는 것이 중요하다.

- **사회기술을 구성하는 요소 확인** : 사회기술은 많은 요소로 구성된다는 것과 기술의 구성요소에 대하여 소개하고 그것을 배우고 난 뒤의 성공적인 결과에 대하여 설명을 해준다.
- **기술의 모델링** : 대리학습을 배우는 것으로서 자기효능감을 높이는 효과를 가져다준다. 사회복지사가 기술의 구성요소를 직접 보여주면서 클라이언트가 기술을 따라 해보도록 돕는다. 클라이언트들이 모델을 비판하고 토론함으로써 평가의 효과를 얻고, 새로운 기술을 학습하는 데 도움을 주게 된다.
- **각 구성요소에 대한 역할극 실시** : 클라이언트들이 경험할 수 있는 문제상황을 가상적으로 만들어 주고 역할극을 통하여 돌아가면서 각 요소들을 연습하고 서로 피드백을 주고받는다. 처음에는 쉬운 상황에서 시작하여 점차 더 어려운 상황으로 도전할 수 있도록 지도하고, 그 기술에 익숙해지면 좀 더 힘든 역할극을 진행한다.
- **역할극에 대한 평가** : 각각의 상황에 대한 역할극을 끝낸 후 서로 피드백을 주고받는다. 피드백은 언어와 비언어적 행동 모두를 포함하며, 때로는 보충적인 연습을 하도록 하여 수정을 할 수 있도록 하고, 아주 사소한 발전에도 그에 대한 긍정적인 피드백을 아끼지 않는다.
- **역할극의 구성요소의 합성** : 역할극이 잘 수행되면 다음으로는 참여자들이 돌아가면서 기술을 전체적으로 피드백을 하고 연습을 하는 과정을 반복함으로써 자기효능감을 향상시키도록 한다.
- **실제 생활상황에서 적용하기** : 이 단계에서는 이번 주 동안 실제 일어날 수 있는 상황에 대비하여 클라이언트에게 준비를 시키는 단계이다.

■ **실전연습**

☞ 사회기술훈련 중 대화기술훈련 1회기를 진행해 본다.

오리엔테이션 1회 – 대화기술훈련

1. 인사하기와 소개하기

○ 나를 어떻게 소개할 것인지 적어봅시다.

이 름	
성 격	
좋아하는 것	
하고 싶은 것	
기 타	

2. '대화기술훈련'의 목적

① 여러 가지 대화기술들을 잘 사용한다.
② 대인관계에서 발생할 수 있는 어려움을 해결한다.
③ 좋은 대인관계를 유지한다.

○ 대화기술은 생활에서 의사소통을 위해 자주 사용하는 것이다. 이러한 여러 가지 대화기술을 잘 사용할 수 있게 훈련을 통해 배움으로써, 대인관계에서 발생할 수 있는 어려움을 해결하고, 좋은 대인관계를 유지할 수 있도록 한다.

※ 모든 사람들은 좋은 대인관계를 유지하려고 고심한다.
특히 정신장애를 가지고 오래 고생한 사람들은 대인관계를 유지하는 데 어려움이 많다.
왜냐하면 인간관계 형성을 위한 가장 왕성한 활동을 하는 중요한 시기인 청소년기 또는 청년기 병이 발생하여, 사회로부터 고립되어 있었기 때문에 인간관계에서 사용해야 할 여러 가지 대화기술을 경험하고 배우지 못함으로 이를 잘 하지 못하는 것은 당연하다.

"인간관계는 배워야 하는 기술이다."

그러므로 여러분은 지금부터 배우는 과정을 밟아보자. 여러분이 대화기술들은 열심히 배우고 연습한다면, 주변 사람들과 더욱 좋은 관계를 유지할 수 있고, 또한 새로운 친구를 사귈 수 있는 기회를 만들 수 있을 것이다.

3. 대화기술훈련내용

[대화기술훈련]에서 배우게 될 내용

1회 : 오리엔테이션
2회 : 의사소통에서 어려움이 발생하는 이유
3회 : 의사소통의 양식
4회 : 기본적인 의사소통
5회 : 대화의 기본 예절
6회 : 전화통화의 기본 예절
7회 : 대화를 시작하고 마무리하기
8회 : 귀 기울여 듣기와 표현하기
9회 : 질문하기
10회 : 자신을 드러내는 말
11회 : 칭찬 주고받기
12회 : 요청하기
13회 : 거절하기
14회 : 사과하기
15회 : 화난 감정 표현하기
16회 : 마무리

4. 규칙 정하기

____

____

____

5. 자기 평가지 작성하기

필요 지식 및 기술 | **강점관점, 임파워먼트 관점**

1. 강점관점

사례관리의 궁극적인 목표가 클라이언트의 역량 강화라는 점을 고려할 때 강점관점은 매우 유용한 이론적 근거이자 가치이다. 강점관점은 모든 사람은 강점을 가지고 있다는 인식에서 출발하며, 사회복지사가 클라이언트를 돕는 과정에서 클라이언트의 문제와 병리보다는 다양한 강점에 초점을 두고 활동하는 것이 효과적이라고 보는 관점이다.

강점관점의 이론적 특징은 다음과 같다(장인협, 2005). 첫째, 철학적 기반이 강점을 지닌 '소비자'이다. 강점이론에서는 클라이언트의 잠재력과 재능 등을 발견하고 인식할 것이 강조되며, 소비자 스스로의 자기결정권이 중요시된다.

둘째, 문제는 다루지 않고 개인과 환경의 '강점을 강화'하는 데 초점을 둔다. 강점이론에서는 기존의 실천에서처럼 문제를 직접적으로 다루기보다는 문제를 최소화하여 다루거나 직접적으로 다루지 않고 철저하게 개인과 환경의 강점을 발견하고 인식하여 이를 강화할 것을 강조하고 있다.

셋째, 기존의 실천에서는 문제해결을 목적으로 두고 노력해 왔으나 강점관점에서는 이들이 바람직한 상태를 이루기 위해서는 문제해결을 이루는 것 이상의 포괄적인 '삶의 질'을 이루어야 한다고 보고 있다.

넷째, 강점이론에서는 문제해결을 하는 데 있어서 전문가가 아닌 소비자가 결정을 하도록 하고 있다. 또한 이를 위하여 전문가에 의한 공식적 서비스보다는 지역사회 내 비공식적 자원 등을 우선적으로 활용하도록 하고 있다.

다섯째, 강점이론에서는 문제해결 이상의 바람직한 상태인 삶의 질을 이루기 위한 주요 과정으로서 소비자의 적극적인 관여와 관계를 중심으로 하여 강점사정을 시행한다. 그리고 이러한 과정에서 인식된 소비자의 내적·외적 강점을 강화하기 위한 계획과 개입을 하며, 소비자 중심의 모니터링 및 평가를 한다.

샐리비(Saleebey, 2009)는 강점 관점을 "클라이언트가 가지고 있는 목적 및 꿈을 실현하게 하거나, 클라이언트 자신의 다양한 문제로부터 벗어나도록 돕는 사회복지실천 활동의 전 과정에서 사회복지사가 클라이언트의 강점과 자원을 발견하고 이를 드러내어 묘사, 탐색, 활용하려는 총체적인 노력이다"라고 정의했다. 강점관점의 사회복지사는 문제에 초점을 두기보다 문제를 이겨나갈 수 있는 힘과 역량에 초점을 두어 사정하고 목표를 설정함으로써 자원을 보다 효율적으로 이용할 수 있다. 사례관리의 주요 과정에서 강점관점의 활용 방안은 다음과 같다(한국사례관리학회, 2014).

- 초기단계 활용 방안
  - 클라이언트와 가족의 관여 강화
  - 클라이언트와 가족에 대한 존중
  - 클라이언트와 가족의 관심사에 초점
  - 클라이언트와 가족의 고통과 어려움에 대한 이해와 공감
  - 협력 관계의 수립
  - 클라이언트의 대처능력에 대한 인정과 칭찬

- 사정단계 활용 방안
  - 클라이언트와 가족의 욕구와 선호 사정
  - 사정된 욕구와 선호를 인지하고 표출하고 합의
  - 클라이언트와 가족의 강점(문제대처능력, 탄력성, 재능, 관심, 꿈, 비전, 지지망, 자긍심 등)과 자원사정
  - 클라이언트와 가족의 강점과 자원사정 시 강점사정 질문 기법 활용
  - 사정된 강점과 자원을 아동과 가족이 공유하고, 칭찬
  - 강점과 자원을 활용함으로써 강점을 확대할 수 있는 개입 계획 수립

• 개입단계 활용 방안

- 클라이언트와 가족의 강점을 활용한 계획 수립
- 클라이언트와 가족의 동의와 참여 강화
- 클라이언트와 가족이 교사 또는 준전문가가 될 수 있는 기회 제공
- 공식적 지지망뿐만 아니라 비공식적인 지지망 구축
- 비공식적인 자원을 우선적으로 활용
- 클라이언트의 역량 강화 및 자기지향성 강화

• 점검단계 활용 방안

- 클라이언트 중심의 점검 강화
- 연계 기관과의 점검 및 정기적인 회합 추진

• 종결 및 평가 단계 활용 방안

- 클라이언트와 함께 평가하고 종결 시기를 결정
- 성과가 나타나게 된 요인에 대한 인식을 확인하고 공유
- 사례관리 실천을 통해서 나타난 효과를 지속할 수 있는 방안을 탐색
- 스스로 자원을 활용할 수 있는 능력을 개발, 유지
- 협력이 필요하면 다시 접촉할 수 있는 힘을 갖도록 함
- 클라이언트의 문제해결력 변화 평가
- 클라이언트의 레질리언스 변화 평가

2. 임파워먼트 관점

임파워먼트 관점은 클라이언트에게 자신감, 가치감을 제공하고 환경에 대한 대처능력과 통제력 등을 스스로 갖출 수 있도록 인식을 심어줌으로써, 클라이언트로 하여금 자신의 삶에 대한 결정과 행동에 있어서 힘(power)을 가질 수 있도록 돕는 것을 말한다(설진화, 2009).

임파워먼트가 타인에게 영향을 주기 위해서는 다차원의 측면에서 역량이 강화되어야 한다. 마일리와 그의 동료들(Miley, et al., 2004)은 임파워먼트 실천의 영역을 세 가지로 나누어 설명하였다(한국사례관리학회, 2014). 첫째는 개인 차원의 임파워먼트로 자신의 강점, 통제력 등의 주관적 감정에 대한 임파워먼트를 말한다. 자신의 능력에 대한 자신감은 개인의 성취에 긍정적 영향을 미치고 타인 및 주변 환경과의 원활한 상호작용을 가능하게 하여 다양한 자원을 제공받게 하는 주요한 역할을 한다. 둘째는 대인관계 차원의 임파워먼트이다. 대인관계 차원은 클라이언트가 타인에게 영향을 미치는 능력을 의미하는데, 이와 같은 능력은 성별, 교육수준 등 사회적 지위 또는 새로운 기술 및 지위의 습득을 통해 결정된다. 교육을 등을 통해 이루어지는 대인관계 차원의 임파워먼트는 클라이언트의 자신감, 통제력 등에도 긍정적 영향을 미침으로써 개인 임파워먼트도 가능하게 한다. 세 번째 영역은 사회구조 영역으로 사회구조와 클라이언트 개인의 관계에 관한 것이다. 사회구조의 변화는 개인의 자원 동원 능력을 향상시킴으로써 자신의 역량을 강화하고 변화를 촉진할 수 있기 때문에 사례관리자는 구조적 변화를 통하여 클라이언트의 역량이 강화될 수 있도록 해야 한다.

임파워먼트 관점의 사례관리자는 다양한 환경과 상황 속에서 내재된 자원을 찾아내어 클라이언트가 접근할 수 있도록 도와주며, 이 과정에서 클라이언트로 하여금 개인으로서의 역량을 강화시키고, 이를 집단화를 통해 발전시키며 궁극적으로는 정치적인 역량 강화를 통해 자원에 대한 접근성을 높이고자 한다(이경아 외 공역, 2004).

■ 실천연습

☞ 앞의 강철수 씨 사례에서 강점관점 활용 방안에 대해 제시해 본다.

사회복지사례관리 직접실천 평가

평가영역	평가문항	매우 미흡	미흡	보통	우수	매우 우수
클라이언트의 내적 장애물 상담하기	1. 모니터링을 통해 클라이언트의 문제해결에 장애가 되는 개인 심리 내적 요인을 파악할 수 있다.	①	②	③	④	⑤
	2. 모니터링을 통해 클라이언트의 문제해결에 장애가 되는 개인 심리 내적 요인을 파악할 수 있다.	①	②	③	④	⑤
	3. 분석된 내용을 근거로 클라이언트와 해결방안을 함께 합의하여 결정할 수 있다.	①	②	③	④	⑤
	4. 합의된 해결방안에 따라 지속적 가정방문, 정기적 만남을 통한 상담, 집단·가족활동을 진행할 수 있다.	①	②	③	④	⑤
클라이언트 긴급상황 개입하기	1. 클라이언트의 위기상황에 대한 객관적 정보를 수집하여 신속하게 사정할 수 있다.	①	②	③	④	⑤
	2. 필요에 따라 위기상황 해결을 위한 긴급 솔루션회의를 개최할 수 있다.	①	②	③	④	⑤
	3. 긴급한 상황 대처에 따른 적절한 기관의 정보를 활용하여 신속한 자원배치를 할 수 있다.	①	②	③	④	⑤
클라이언트 문제해결 역량 강화하기	1. 클라이언트의 문제해결을 위해 다양한 정보제공을 할 수 있다.	①	②	③	④	⑤
	2. 클라이언트에게 직접적으로 교육할 필요가 있을 경우 교육과정을 개발·진행·평가할 수 있다.	①	②	③	④	⑤
	3. 클라이언트가 문제해결 과정에서 스스로 강점을 발견하고 자신감을 얻을 수 있도록 지지할 수 있다.	①	②	③	④	⑤
	4. 클라이언트의 강점을 문제해결의 내적 자원으로 활용할 수 있다.	①	②	③	④	⑤

[평가결과]

평가영역	문항 수	점 수	점수 ÷ 문항 수
클라이언트 내적 장애물 상담하기	4		
클라이언트 긴급상황 개입하기	3		
클라이언트 문제해결 역량 강화하기	4		
합 계	11		

☞ 자신의 점수를 문항 수로 나눈 값이 '3점'이하에 해당하는 영역은 업무를 성공적으로 수행하는데 요구되는 능력이 부족한 것으로 교육훈련이나 개인학습을 통한 개발이 필요함.

09

Chapter

사회복지사례관리 간접실천

학습 1 자원 접근성 높이기

학습 2 자원과 클라이언트의 상호작용 촉진하기

학습 3 지역사회자원 지원하기

제9장 사회복지사례관리 간접실천

분류번호 : 0701020407_14v2
능력단위 명칭 : 사회복지사례관리 간접실천
능력단위 정의 : 사회복지사례관리 간접실천이란 클라이언트의 자원 접근성을 높이고 자원과 클라이언트 간의 상호작용이 원활하도록 사례관리자가 중개 · 의뢰 · 조정 · 옹호 · 점검하며 자원을 지원하는 능력이다.

■ 능력단위 요소 및 수행순거

능력단위 요소	수행준거
0701020407_14v2.1 자원 접근성 높이기	1.1 클라이언트의 욕구에 기반하여 지역사회 내 잠재된 인적 · 물적 자원을 온 · 오프라인을 통해 발굴할 수 있다. 1.2 발굴된 자료를 기반으로 활용 가능한 자원 목록을 작성할 수 있다. 1.3 클라이언트와 협의 하에 의뢰서를 작성하여 해당 자원에 연계할 수 있다.
0701020407_14v2.2 자원과 클라이언트의 상호작용 촉진하기	2.1 클라이언트에게 지원되는 자원, 서비스 제공 빈도가 높은 자원과 협약서를 체결할 수 있다. 2.2 지원 내용의 적절성, 자원 참여의 지속성을 유지하기 위하여 정기적으로 모니터링할 수 있다. 2.3 클라이언트 욕구 중심의 서비스를 지원하기 위해 클라이언트와의 협의하에 자원의 내용과 제공 수준을 조정할 수 있다.
0701020407_14v2.3 지역사회자원 지원하기	3.1 클라이언트에 대한 정보를 제공함으로써 자원의 서비스 역량을 강화할 수 있다. 3.2 정기적인 교육 · 간담회를 실시하여 자원들의 협력동기부여, 의사소통의 기회를 제공할 수 있다. 3.3 문제해결 과정에서 발생하는 어려움에 대한 대안을 마련할 수 있다.

■ 선수 학습

인간과 사회환경에 대한 심리사회이론, 생태체계이론, 생애발달이론, 사회복지사의 윤리 및 태도

■ 핵심 용어

사례관리, 간접실천, 자원 접근성, 상호작용, 자원, 중개, 옹호, 점검, 의뢰, 자원목록표, 조정

■ 수행 학습 필요 사항

자료 및 관련 서류

- 자원 목록표
- 자원협약서
- 자원관리일지
- 클라이언트 의뢰서
- 모니터링 일지
- 교육·간담회 일지

장비 및 도구

- 컴퓨터, 프린터
- 빔프로젝터
- 프레젠테이션 프로그램

학습 1 자원 접근성 높이기

필요 지식 및 기술 | **중개와 의뢰**

1. 중 개

중개(brokering)란 클라이언트 지원 계획에 정해진 서비스를 전달할 최선의 기관이나 자원을 선택하는 데 사례관리자가 관여하는 것을 의미한다. 사례관리자는 클라이언트의 욕구에 부응하는 자원을 사정하여 자료화하거나 자원망을 조직하고 활용하여 클라이언트로 하여금 최선의 선택을 할 수 있도록 도와야 한다. 중개를 위해 사례관리자는 다음과 같은 과정을 수행한다(한국사례관리학회 편, 2014).

1) 자료분석과 정리

클라이언트가 최선의 선택을 할 수 있도록 돕기 위해서는 사례관리자가 다양하고 적절한 정보를 가지고 있어야 한다. 수시로 업데이트된 현존하는 자원정보리스트는 사례관리자의 주요 도구가 된다. 이전에 함께 일해본 경험이 있는 기관 리스트, 각 협회가 제공하는 전화번호부, 각종 브로슈어, 인터넷, 그 외에도 전문가의 자문, 유사 직종 간의 워크숍, 지역사회 회의나 모임 등을 활용하여 정보를 얻을 수 있다. 효과적 중개를 위해 사례관리자가 가지고 있으면 좋을 정보들의 예는 다음과 같다.

- 서비스 이용 자격 기준, 진단, 자산조사기준 등 서비스 이용성, 적정성, 절적성, 수용성, 접근성에 관한 지식
- 고시되어 있는 서비스의 품질, 클라이언트에 의해 받은 피드백 등 서비스

품질에 관한 지식

- 클라이언트 욕구 해결을 위한 서비스제공자의 능력과 지식
- 서비스제공자의 동기에 관한 지식과 기관의 평판
- 기관이 담당하고 있는 주요 서비스

이러한 자원목록은 자원의 특성, 접근방법, 제공기준, 접촉대상자 등으로 구성된 색인표(index)로서 사례관리자의 경험에 의거해서 더욱 구체화된다. 더욱이 지역사회자원부족뿐 아니라 자원과 서비스 이용에 관한 규정이 바뀌는 등 자신이 가진 자원목록이 시기적으로 뒤떨어질 수 있기 때문에 지속적으로 확인하고 수정・보완해야 한다. 사례관리자는 현재의 자원목록에만 의존하지 말고 계속해서 새로운 지역자원을 개발해야 한다.

참고로 현재 공공사례관리를 담당하는 시・군・구 희망복지지원단에서는 각 지역별로 사례관리에서 활용 가능한 자원을 각 영역과 분야별로 체계적으로 조사, 발굴하여 관리하고 있다. 민간 사례관리기관에서도 각 기관별 특성을 반영하여 일정한 양식의 자원목록표를 만들어 관리해 오고 있다. 자원목록표의 양식은 각 현장마다 다양하지만 한 예를 제시하면 다음과 같다(박미은, 2015).

〈표 9-1〉 자원목록표 예시

구 분		기관명	연락처	협력사항	특이사항	담당자	비고
복지 관련	공공	행정복지센터(사회복지전담공무원)	000-0000	- 국민기초생활보장제도 선정 및 관리 - 공공 사례관리대상자 접수	최근 담당공무원 바뀜	○○○	
	민간	○○지역아동센터	000-0000	저소득층 아동보호 및 관리, 다양한 교육 및 문화서비스	야간보호사업 진행 중	○○○	공동모금회에서 차량 지원

■ **실전연습**

☞ 본인이 부산광역시 ○○구 희망복지지원단 사례관리사라고 가정하고 위의 예와 같은 자원목록표를 만들어 본다.

구 분	기관명	연락처	협력사항	특이사항	담당자	비 고

2) 자원목록에서 선택하도록 돕기

클라이언트의 욕구에 근거하여 최선을 선택을 할 수 있도록 다양한 대안과 그에 대한 장・단점을 비교하여 제시하여야 한다. 이때 자신의 기관에서 제공하는 서비스 위주로 자원을 소개하는 등 수집된 정보가 제한적이어서 최적의 서비스를 중개할 수 없는 경우가 생기지 않도록 유의한다.

3) 중개할 기관에 대한 조직화

단순히 전화번호를 알려주거나 안내지를 제공하는 정도의 소극적 정보 안내가 아니라 중개할 기관과의 중개 활동에 대한 사전 협의와 중개 절차를 구조화하여 서비스가 클라이언트에게 잘 도착되도록 협력하여야 한다.

2. 의 뢰

클라이언트의 문제해결을 위해 전문가와 전문가가 서로의 전문성을 인정하고 일정한 체계 속에서 목표 달성을 위한 연속성을 유지하는 가운데 상호 연결하는 것을 의미한다. 효과적 의뢰를 위한 체계 구성에 대해 알아보겠다(한국사례관리학회 편, 2014).

1) 클라이언트 준비

- 의뢰해야 하는 필요성을 인식하도록 알려주기
- 의뢰에 대한 클라이언트 감정 다루기
- 클라이언트가 의뢰를 통한 서비스 내용과 달성될 수 있는 내용 알게 하기
- 의뢰기관 선정하기(클라이언트가 선정하도록 정보를 제공)
- 클라이언트의 서비스 접근의 장애 요인 해결하기
- 정보 공유 범위에 대한 합의

2) 의뢰받을 기관 준비

- 의뢰 자원의 개발 단계
- 의뢰기관으로서 협력체계의 마련과 구조화
- 의뢰받는 기관의 서비스를 제공받는 것이 원활하도록 장애 요인 제거
- 사례관리자는 의뢰기관에서 행해지는 서비스에 대한 점검 활동 실시

■ **실전연습**

☞ 김 별 사례에서 필요로 하는 지역사회기관에 의뢰서를 작성해 본다.

<table>
<tr><th colspan="6">의 뢰 서</th></tr>
<tr><td>성 명</td><td></td><td>성 별</td><td></td><td>생년월일</td><td>. . (만 세)</td></tr>
<tr><td>주 소</td><td colspan="3"></td><td>연락처</td><td></td></tr>
<tr><td>보호유형</td><td colspan="2">☐ 수급 ☐ 차상위 ☐ 일반</td><td>의료
유형</td><td colspan="2">☐ 의료급여 1종 ☐ 의료급여 2종
☐ 건강보험</td></tr>
<tr><td>장애유무</td><td colspan="5">☐ 있음 (장애명 및 등급 :) ☐ 없음</td></tr>
<tr><td>보호자명</td><td colspan="3">(관계)</td><td>연락처</td><td></td></tr>
<tr><td>사례요약</td><td colspan="5"></td></tr>
<tr><td>제공된
서비스</td><td colspan="5"></td></tr>
<tr><td>현재
클라이언트
상태</td><td colspan="5"></td></tr>
<tr><td>의뢰 사유</td><td colspan="5"></td></tr>
<tr><td colspan="6">본 클라이언트에게 전문적 서비스 제공을 통해 효과적인 문제 해결을 지원하고자 의뢰하오니 적극적인 협조 부탁드립니다.

년 월 일

담당자 : (인)
연락처 :
기관명 : (직인)
의뢰기관명 대표 귀하</td></tr>
</table>

| 그림 9-1 | 의뢰서

학습 2 자원과 클라이언트의 상호작용 촉진하기

필요 지식 및 기술 | 옹호와 점검

1. 옹 호

옹호(advocacy)란 결정자보다 힘이 약한 클라이언트의 입장을 대신 말하여 기관의 서비스 제공 의지를 높여주고, 자원의 접근성과 활용성을 증진시키는 사례관리자의 활동을 의미한다. 이때 사례관리자의 과업은 클라이언트의 욕구에 부응하지 않으려는 자원들의 경향을 조정하는 것이다. 사례관리에 있어서 옹호활동은 대부분 클라이언트 개인의 옹호활동이 대부분이지만 사안에 따라서는 개인 수준의 클라이언트 옹호보다는 계층 옹호와 같이 지역사회나 기관, 정책을 대상으로 다음과 같은 과정을 거쳐 옹호활동을 전개하기도 한다(한국사례관리학회, 2014).

- 입법적, 합법적, 행정적 위임을 위한 권위
- 해당 분야에 대한 전문가, 수적으로 무시하지 못할 집단 서명 등 인적 자원
- 기준, 허가, 자격에 대한 지식과 기술
- 심리적 압박 요인, 사회적 공감대를 형성할 만한 당시 발생 사건과 뉴스 등 단질된 자원에 영향을 미칠 사회심리적 요소
- 공간, 옹호활동 과정 중에 필요한 비용 등 물리적 자원 등을 살펴 지역자원을 개발하고 협력

■ 옹호 사례

A씨는 28세로 만 3세 된 아들 철우와 함께 살고 있는 한부모이다. A씨는 세무대학을 다니던 중 철우의 생부를 만나 동거를 시작했으며 철우가 태어난 지 1년 만에 남편이 집을 나가 헤어지게 되었다. 아이와 단칸 셋방에서 한부모 수급비로 생활하던 중, 아이를 방에 방치한 채 술로 세월을 보내고 있다는 이웃의 제보에 의해 접수면접이 이루어지게 되었다.

A씨는 지속적 사례관리 덕분에 취업을 결정하였고 고용안정센터 직원의 도움으로 세무서에 취업했다. 그러나 출근 3일 만에 아이가 어린이집에서 너무 울고 엄마와 안 떨어지려 한다는 이유로 직장을 사직하였다. 주민센터의 공무원은 젊고 근로능력이 있는 여성이 세무서라는 좋은 조건의 직장에 취업 알선되었음에도 불구하고 수급자 탈락이 싫어서 근로를 기피한다고 판단하고 수급자 지정을 취소하였다. 그러나 직장을 그만둔 실제 이유는 그것이 아니었다. A씨는 어릴 때 새부와 이웃 아저씨로부터 두 번의 성폭행을 당한 경험이 있었고 그 상처가 아물지도 않은 채 아이 아빠로부터 또 한 번의 버림을 받게 되었다. 이후 A씨는 남자에 대한 불신과 두려움을 갖게 되었으며, 세무서라는 성격상 남자들과의 접촉이 잦은 데서 생겨나는 불안을 견디기 힘들었던 것이다.

이에 주민센터 전담 공무원에게 이 사실을 A씨 대신 알리고 그의 입장을 옹호하여 사례관리가 지속되는 기간 동안 한시적으로 수급자 지정을 받게 하였다. 그 이후 정신과 치료와 사례관리자의 지속적 지지로 A씨는 다시 취업을 하게 되었다.

출처 : 한국사례관리학회(2014).

2. 점 검

사례관리에 있어 점검(monitoring)이란 클라이언트의 실행 계획에 정해진 서비스와 자원의 전달이 잘 이루어지고 있는지를 추적하기 위해 사례관리자에 의해 행해지는 활동과정이다. 점검과정은 사례관리의 꽃이라 할 수 있을 만큼 중요한 과정이며 사례관리자의 시간적 압박과 전문적 책임이 요구되는 과정이다. 점검은 다음 장에서 구체적으로 다루어지기 때문에 여기서는 생략하도록 하겠다.

학습 3 지역사회자원 지원하기

필요 지식 및 기술 | 자원망 개발과 지원

간접실천은 사례관리자가 클라이언트를 대신해서 관련 체계에 영향을 주고 변화를 유도하기 위해 활동하는 것이다. 그 예로는 서비스 제공자와 클라이언트를 연결하는 것, 서비스들을 중개하는 것, 연계된 서비스가 본래의 목적에 맞게 적절히 제공되고 있는지를 점검하고 경우에 따라서는 어떠한 개선이나 변화를 이끌어 내기 위해 기관 간에 조정하는 것, 클라이언트 욕구에 대한 책임이 보장될 수 있도록 클라이언트를 옹호하는 것, 사회적 관계망을 만들어 사회적 지원이나 혜택을 증가시키는 것 등이다. 이때 사례관리자는 중개자, 조정자, 옹호자, 사회적 망의 구성자 역할을 수행하며, 구체적인 기술로는 중개, 연결, 점검, 조정, 옹호와 같은 다양한 간접적 개입기술을 활용한다. 여기서는 먼저 자원망 개발과 지원에 관한 사항을 중심으로 살펴보도록 하겠다.

1. 자원망 개발

사례관리자는 클라이언트의 목표 달성을 위해 지역사회 내에서 쉽게 찾을 수 있는 공식적 자원망은 물론 비공식 자원을 개발하고 이들 자원들이 클라이언트 욕구 해결에 반응적인 자원망이 될 수 있도록 역량을 강화시키는 지원활동을 하여야 한다(한국사례관리학회, 2014). 특히 대상자에게 유용한 지역사회의 자원은 체계적으로 목록을 만들어 지속적으로 활용할 수 있어야 한다.

1) 자원의 종류

클라이언트의 욕구충족을 위해 필요한 자원이나 서비스를 연계하는 것은 사례관리에서 가장 핵심적인 기능이다. 이것은 단순한 의뢰의 수준을 넘어 클라이언트에게 꼭 필요한 공식·비공식적 자원을 연결하여 그의 문제와 욕구를 해결하는 데 목적이 있다.

① **내부자원 연계** : 가족을 지지체계로 활용하여 문제를 해결한다.
② **공식적 자원 연계** : 구청, 행정복지센터(구, 주민센터), 각종 지역단체, 종합사회복지관, 외부 복지기관 등이 해당된다. 공식적 자원의 분류는 크게 의료 및 보건, 공공 행정기관, 교육기관, 지역단체, 종교단체, 고용 관련 기관, 복지 관련 기관, 법무기관, 기업 등으로 나누어진다.
③ **비공식적 자원 연계** : 교회, 이웃, 친척, 친구, 자원봉사자 등이 이에 해당한다.

2) 비공식적 자원 개발

공식적 자원망이 한시적이고 제한적인 자원일 수밖에 없는 취약성을 보충하기 위해서는 언제나 클라이언트의 주변에 있어 클라이언트와의 상호작용이 이루어질 수 있는 비공식 자원의 개발이 필요하다. 비공식적 자원망을 개발하기 위해서는 우선 클라이언트의 이전 해결방법이나 클라이언트와 상호작용이 있었던 비공식 지원망을 탐색하는 것에서 출발하여야 한다. 특히 문제해결을 위해 활용해 보았던 자원이 있었다면 무엇이었는가? 중단되었다면 왜 중단되었는가? 또는 자원인 줄 알면서도 다가가지 못하는 자원은 없는가? 등의 질문을 통해 자원 개발 가능성을 탐색하고 자원 접근을 위한 방법을 탐색하고 시도해 본다.

다음은 클라이언트가 살고 있는 지역사회 내에서 해결 자원을 찾아보아야 한다. 이를 위해 지역사회를 자주 탐문하고 지역 주민과의 관계가 형성되어 있어야 한다. 클라이언트 주변의 가게, 분식점, 약국, 세탁소, 교회, 순찰지구대, 영세한 공장, 병원 등 모든 것이 클라이언트의 문제를 인지하고 자원망으로 반응하기로 결정한다면 모두 해결 자원으로 연계될 수 있다.

3) 조직화 활동

사례관리자는 지역 주민을 대상으로 조직화 활동을 할 수 있다. 예를 들면, 조손세대 가정을 위한 모임, 지역환경 정화를 위한 모임 등 지역문제에 대한 관심을 일으키고 주민 조직을 만들어 활동하게 한다. 때로는 사례관리 종결 대상자를 중심으로 자조집단이 이루어질 수 있도록 지원하여 이들이 또 다른 비공식적 지원망이 될 수 있도록 한다.

2. 자원망 지원 활동

사례관리자는 클라이언트를 직접 돕기보다는 자원망의 도움과 상호작용이 지속적으로 유지될 수 있도록 지원하는 간접서비스를 제공할 때가 많다. 클라이언트의 지원망이 지치거나 어려움에 처하지 않도록 장애 요인을 파악하고 해결함으로써 지속적으로 클라이언트를 도울 수 있도록 도와주는 개입활동을 자원망 지원활동이라고 한다. 구체적인 업무는 다음과 같다(한국사례관리학회, 2014).

1) 교육적 활동

- 클라이언트에 대한 이해를 증진시킴
- 클라이언트의 욕구에 대응하는 방법을 가르침
- 자조집단으로 발전시키기

2) 이차적 지원활동

- 일차적 지원망이 지치지 않도록 쉬는 시간을 제공해 줌
- 일차적 지원망(가족, 주부양자 등)이 이차적 지원을 활용하도록 돕기
- 일차적 지원망의 스트레스 해소, 긴장완화를 위해 지지망 증가시키기
- 사회망을 위한 위기개입 상담과 실제 서비스 제공

3) 대안적 지지체계 연계 활동

- 자조집단, 소비자단체 등 조직화된 망에 참여하도록 도움

4) 기술적 지지와 협상을 제공하는 활동

- 사례관리자가 서비스제공 기관에 새로운 지식, 정보, 전략을 소개하여 서비스대상자에 대한 서비스 수준과 내용을 향상시키는 것
- 필요한 자문과 교육에 응하는 것
- 서비스제공자에게 격려와 지지를 해주는 것

5) 실무자에게 격려와 지지 해주기

3. 조 정

1) 사례관리자의 조정 업무

조정(coordination)은 사례관리자가 클라이언트의 실행계획표에 역할을 분담한 서비스제공자와 자원망 구성원에 의해 진행되는 서비스가 조화롭고 적합한 방

법에서 수행되도록 관여하는 활동이다. 사례관리자의 조정 업무는 다음과 같다(한국사례관리학회, 2014).

- 상이한 접근 방식의 제공자 간의 갈등, 제공 시기와 순서의 결정, 자원망 기관 차원의 이질적 정책으로 인한 어려움, 기관장의 이해 부족 등 실행 계획이 의도에 따라 진행되기 어려울 때 그 어려움을 알아내고 이를 해결하기 위한 협상과 설득, 자문 활동을 한다.
- 사례회의, 점검회의 등 자원 간의 정규적 의사소통을 할 수 있도록 회의를 개최한다. 이를 통하여 계획 수행의 장애 요인, 새롭게 발견된 문제 등의 어려움을 함께 공유하고 해결함으로써 자원망의 협력과 응집력을 형성하게 한다.

2) 자원망 간의 갈등 이유

사례관리자 입장에서 조정이란 상당히 어려운 업무이다. 자원망 간의 입장 차이가 극명하고 다양하기 때문이다. 갈등의 이유는 다음과 같다(한국사례관리학회, 2014).

첫째, 사례관리에 대해 공유하는 이해의 부재로 인해 일어나는 갈등이다. 이런 경우는 대부분 사례관리에 참여하는 자원망의 실무자들을 대상으로 교육훈련, 토론 등을 주최하여 사례관리의 가치, 개념, 기술 등을 공유하도록 함으로써 사례관리자의 점검과 조정 기능에 대한 거부감을 줄이고 사례관리에 있어서 조정 기능에 자발적 참여를 유도하는 것이 대안으로 활용되고 있다.

둘째, 참여자원망 간의 경쟁심과 비협조로 인한 갈등이다. 이럴 경우 조정에 비협조적인 이유가 무엇인지 파악하고 그에 대한 대안을 마련하는 것이 필요하다. 대체적으로 조정활동을 위해서는 개별기관의 독립성을 보호하려고 노력해야 하고, 결과에 대한 칭찬과 보상을 공유할 수 있도록 배려하여야 한다.

3) 갈등조정에 있어 사례관리자의 역할

- 클라이언트의 욕구에 초점을 맞추어 논의한다.
- 사례관리자의 조정 노력을 통한 결과를 공유한다.
- 조정활동에 대한 사전 동의를 받고 사례관리를 시작한다.
- 조정의 이점을 공유한다.
- 조정을 위한 시스템을 마련한다.

■ **조정사례**

다문화가정 L씨는 ○○다문화가족원센터의 소개로 자녀 미술치료를 시작하였다. 작년에 유치원을 졸업하고 초등학교에 진학하여야 하는 아들이 말을 하지 못해 원장님으로부터 발달장애인 것 같다는 소리와 함께 1년 뒤에 학교에 보낼 것을 권유받았기 때문이다. 그러나 L씨는 주 1회의 미술치료만으로는 불안하게 느껴 지역복지관의 방문미술치료와 심리상담서비스를 받고 있다. 이 아동의 경우 정확한 사정과 개입 계획 수립을 위한 다면적 사정이 이루어지지 않은 채 클라이언트의 제시된 욕구에 근거한 개입이 파편적으로 이루어지고 있다는 문제가 있다. 각기 다른 세 주체가 미술치료와 상담치료를 하고 있어 치료 목표와 계획이 체계적이고 효율적이지 않다. 이런 경우 사례관리자가 개입하여 이 아동의 문제를 아동 개인 수준, 가족 수준, 환경 수준으로 사정하고 욕구 수준에 따라 기관 간의 서비스 제공 순서 및 방법을 조정하였다.

출처 : 한국사례관리학회(2014).

■ 실전연습

☞ 김 별 사례와 강철수 사례에서 이루어질 수 있는 간접실천기술에 대해서 논의해 본다.

사회복지사례관리 간접실천	평가

평가영역	평가문항	매우 미흡	미흡	보통	우수	매우 우수
자원 접근성 높이기	1. 클라이언트의 욕구에 기반하여 지역사회 내 잠재된 인적·물적 자원을 온·오프라인을 통해 발굴할 수 있다.	①	②	③	④	⑤
	2. 발굴된 자료를 기반으로 활용 가능한 자원 목록을 작성할 수 있다.	①	②	③	④	⑤
	3. 클라이언트와 협의하에 의뢰서를 작성하여 해당 자원에 연계할 수 있다.	①	②	③	④	⑤
자원과 클라이언트의 상호작용 촉진하기	1. 클라이언트에게 지원되는 자원, 서비스 제공 빈도가 높은 자원과 협약서를 체결할 수 있다.	①	②	③	④	⑤
	2. 지원 내용의 적절성, 자원 참여의 지속성을 유지하기 위하여 정기적으로 모니터링할 수 있다.	①	②	③	④	⑤
	3. 지원 내용의 적절성, 자원 참여의 지속성을 유지하기 위하여 정기적으로 모니터링할 수 있다.	①	②	③	④	⑤
지역사회자원 지원하기	1. 클라이언트에 대한 정보를 제공함으로써 자원의 서비스 역량을 강화할 수 있다.	①	②	③	④	⑤
	2. 정기적인 교육·간담회를 실시하여 자원들의 협력동기부여, 의사소통의 기회를 제공할 수 있다.	①	②	③	④	⑤
	3. 문제해결 과정에서 발생하는 어려움에 대한 대안을 마련할 수 있다.	①	②	③	④	⑤

[평가결과]

평가영역	문항 수	점 수	점수 ÷ 문항 수
자원 접근성 높이기	3		
자원과 클라이언트의 상호작용 촉진하기	3		
지역사회자원 지원하기	3		
합 계	9		

☞ 자신의 점수를 문항 수로 나눈 값이 '3점' 이하에 해당하는 영역은 업무를 성공적으로 수행하는데 요구되는 능력이 부족한 것으로 교육훈련이나 개인학습을 통한 개발이 필요함.

10

Chapter

사회복지사례관리 평가

학습 1 사례관리 모니터링하기

학습 2 목표달성 여부 확인하기

제10장 사회복지사례관리 평가

분류번호 : 0701020408_14v2

능력단위 명칭 : 사회복지사례관리 평가

능력단위 정의 : 사회복지사례관리 평가는 사례관리 과정에서 수립된 클라이언트의 목표 달성 여부를 클라이언트와 함께 점검하고 사례관리 지속 여부를 판단하여 종결을 준비하도록 돕는 능력이다.

■ 능력단위 요소 및 수행준거

능력단위 요소	수행준거
0701020408_14v2.1 사례관리 모니터링하기	1.1 사례관리 목표에 근거한 진행 정도, 클라이언트의 노력, 자원과의 상호작용을 점검할 수 있다. 1.2 점검된 내용을 근거로 클라이언트의 욕구를 재사정할 수 있다. 1.3 점검상 나타난 문세의 해결대인을 파악하여 사례관리 실행계획표를 수정할 수 있다.
0701020408_14v2.2 목표달성 여부 확인하기	2.1 클라이언트와 함께 사례관리 초기의 수립된 계획과 실제적인 목표달성도를 비교할 수 있다. 2.2 목표달성도를 평가하기 위해 질적 평가양식과 양적 평가양식을 작성할 수 있다. 2.3 평가결과를 분석하여 클라이언트의 변화도를 조사할 수 있다.
0701020408_14v2.3 종결 상황 점검하기	3.1 클라이언트 변화와 성과를 확인하기 위하여 클라이언트의 문제해결 과정을 정리할 수 있다. 3.2 사례관리의 종결에 따른 심리적 저항을 상담할 수 있다. 3.3 성과 및 목표달성 정도에 따라 사례회의를 통하여 사례의 종결을 결정할 수 있다.

■ 선수 학습

인간과 사회환경에 대한 심리사회이론, 생태체계이론, 생애발달이론, 사회복지사의 윤리 및 태도

■ 핵심 용어

사례관리, 모니터링, 목표달성도, 성과관리, 질적 데이터, 양적 데이터, 재사정, 종결

■ 수행 학습 필요 사항

자료 및 관련 서류

- 사례관리 욕구사정지
- 욕구사정에 대한 목표계획서
- 목표설정에 대한 질적·양적 평가지
- 사례관리지침

장비 및 도구

- 컴퓨터
- 통계패키지 소프트웨어

학습 1 사례관리 모니터링하기

필요 지식 및 기술 | 사례관리 모니터링

점검은 서비스가 클라이언트에게 적시에, 적당하게, 적절하게 그리고 연속적으로 제공되고 있는가를 추적하고 재사정을 실시하는 과정이다. 즉, 이것은 클라이언트가 필요한 서비스를 제대로 제공받고 있는가, 서비스계획이 적절하게 실행되고 있는가, 그리고 클라이언트에게 제공되는 서비스가 적절한 것인가를 추적하는 과정이다(이근홍, 2008). 점검은 클라이언트에게 제공된 서비스를 자세히 조사하는 것이며, 서비스계획의 실행 이후 변화에 대해 검토하는 것이며, 서비스계획에 명시된 목표의 진행 정도를 추적하는 것이다. 서비스의 점검은 주기적으로 실시하되 클라이언트의 신체적·정신적 상태, 프로그램의 목표, 사례관리자의 사례담당건수 및 유용한 자원의 정도에 따라서 일정한 간격을 정하여 실시할 수 있다. 계속해서 점검과정의 주요 요소와 점검의 과정에 관해서 살펴보도록 하겠다(이근홍, 2015).

1. 점검과정의 주요 요소

1) 서비스의 점검

점검과정에서 가장 중요한 요소는 클라이언트에게 제공되는 서비스를 점검하는 것이다. 클라이언트에게 제공되는 서비스에 대한 점검은 클라이언트 수준과 서비스 제공자 수준의 두 가지 차원에서 이루어진다.

클라이언트 수준에서의 점검은 ① 클라이언트에게 제공되는 서비스가 욕구충족과 문제해결에 기여하는가, ② 클라이언트는 목표달성을 위해 스스로 노력하고 있는가, ③ 클라이언트는 자신의 기술과 능력을 발휘하고 있으며, 자기보호의 노력은 적절하게 이행되고 있는가, 그리고 ④ 클라이언트에게 새로운 욕구나 문제가 발생하고 있는가를 확인한다.

서비스 제공자 수준에서의 점검은 ① 서비스계획은 적절하게 수행되고 있는가, ② 서비스가 적시에 적절하게 지속적으로 제공되고 있는가, ③ 제공되는 서비스가 클라이언트의 욕구충족과 문제해결을 위해 필요한 것인가, 그리고 ④ 서비스 제공자와 클라이언트 사이 또는 서비스 제공자들 사이의 갈등이 있는가를 확인한다.

이러한 점검활동을 수행하기 위해서 사례관리자는 클라이언트 및 서비스 제공자와 지속적으로 접촉할 필요가 있다. 서비스의 전달을 점검하는 방법으로는 직접적인 면접, 가정방문, 전화접촉, 점검표 발송, 클라이언트에 대한 관찰, 서신왕래, 사회적 관계망 구성원들의 회합, 사례회의, 기관 간 회의, 인터넷 활용 등이 있다.

2) 재사정

재사정은 서비스계획의 실행 중에 주기적인 사정을 통하여 클라이언트에게 제공되는 서비스가 적합한가, 서비스계획의 변화가 필요한가, 그리고 서비스계획은 어떠한 방식으로 변화될 필요가 있는가를 결정하는 과정이다. 재사정이 평가와 비슷한 용어로 쓰이는 경우가 있지만 재사정과 평가는 구분되어야 한다.

재사정은 클라이언트 서비스계획의 적합성을 판단하는 것이며, 판단 여부에 따라 서비스에 대한 변화의 필요성을 결정하는 과정이다. 그 반면에 평가는 서비스의 결과, 종결, 사후관리 등을 포함하는 개념으로 서비스계획이 클라이언트의 삶에 어떠한 변화를 가져왔으며, 서비스계획은 얼마나 효율적인가를 판단하는 효과성과 효율성에 초점을 두는 과정이다. 재사정은 기관의 정책을 통해서 1개월, 3개월, 또는 6개월 등의 표준화된 주기적인 간격을 정하여 실시하되, 서비스계획에 기록된 일정표를 기준으로 하여 실시한다.

2. 점검의 과정

점검의 과정은 대개 점검유형의 선택, 점검과업의 확인, 점검목적의 확인 및 점검활동 수행의 4단계로 나눌 수 있다(Moxley, 1989).

1) 점검유형의 선택

사례관리자는 자기 자신의 시간 구속, 전문적인 책임 및 조직적인 맥락을 사정해야 하며, 이러한 사정에 기초하여 점검의 적절한 유형을 선택해야 한다. 점검의 유형에는 공식적 점검, 비공식적 점검 및 공식적 점검과 비공식적 점검의 혼합형태가 존재할 수 있다.

2) 점검과업의 확인

사례관리자는 선택된 점검의 유형과 관련성이 있으며 클라이언트의 자기 보호, 상호 보호, 전문적 보호의 점검 등과 연관된 주요한 과업과 활동을 확인한다. 이러한 과업과 활동의 확인에서 사례관리자는 클라이언트의 욕구와 문제, 특성, 서비스의 형태 등을 고려해야 할 것이다.

3) 점검목적의 확인

사례관리자는 클라이언트의 사회적 관계망 구성원 각자에 대해 노력, 적당성, 질 또는 결과에 초점을 두어 점검의 목적을 확인한다. 사례관리자는 이러한 모든 차원을 고려하여 점검의 목적을 확인하는 것이 바람직하지만, 이러한 것들을 모두 고려한다는 것은 실현하기 어려울 수 있다.

4) 점검활동의 수행

사례관리자는 각각의 점검 목적에 대하여 ① 점검의 참여자, ② 사례관리자가 자료수집에 사용할 점검의 방법, ③ 점검활동을 관리하는 시간계획, 그리고 ④ 자료에 기초하여 수행할 사례관리자의 활동단계(서비스 점검을 위한 팀의 소집 등)를 확인하고 점검활동을 수행한다.

■ **실전연습**

☞ 두 사람이 한 조를 형성하여 A는 사회복지사, B는 클라이언트로 실제 모니터링 및 재사정 면접을 실시해 본다(5장에 제시된 김 별 사례를 중심으로 역할극).

사례관리 모니터링 및 재사정

1. 기초 사항

사례번호		성　명		사례관리자	
사정일자		개입기간	년　월　일 ~　년　월　일		
접촉형태	☐ 방문 ☐ 내방 ☐ 전화 ☐ 기타			접촉장소	

2. 목표 달성도

장기목표			
단기목표	실천계획	사례관리 수행 내용	변화 정도
			척도 / 척도명 : / 개입 전 (　) / 개입 후 (　)
			척도 / 척도명 : / 개입 전 (　) / 개입 후 (　)

3. 기타 제공된 서비스 및 새로 발견된 욕구

기타 제공된 서비스			
새로 발견된 욕구		이용자 자가척도 (1~10)	
척도를 이용한 사정	척도 종류	사정 결과	

4. 사례관리 점검결과 및 종합의견

점검결과 및 사례관리자 의견	☐ 유지 (사례관리계획 수정 ☐ 유　☐ 무)　☐ 종결　☐ 의뢰

5. 슈퍼비전

슈퍼비전	

| 그림 10-1 | 사례관리 모니터링 및 재사정

3. 점검의 내용과 방법

사례관리에 있어 점검(monitoring)이란 클라이언트의 실행 계획에 정해진 서비스와 자원의 전달이 잘 이루어지고 있는지를 추적하기 위해 사례관리자에 의해 행해지는 활동과정이다. 점검 과정은 사례관리의 꽃이라 할 수 있을 만큼 중요한 과정이며 사례관리자의 시간적 압박과 전문적 책임이 요구되는 과정이다. 점검과정을 통해 수집되어야 할 내용과 방법은 다음과 같다(한국사례관리학회, 2014).

- 계획이행도
- 서비스 산출량과 목표 달성치
- 새로운 욕구 발견

〈표 10-1〉 산출에 대한 점검의 내용

노 력	지원망 구성원이 목표를 달성하는가? 지원망 구성원이 특정 활동을 적절히 수행하는가? 지원망 구성원의 시간 안배가 적정한가? 지원망 구성원의 책임이 실행되고 있는가?
적절성	계획에 적절한 서비스와 자원이 있는가?
질	서비스 지원 계획이 잘 이행되는가?
결 과	서비스 계획이 성공적 결과를 가져오는가? 아니면 역행적 결과를 가져오는가?

■ 점검사례 예시

앞의 강철수 씨 사례 점검 방법의 예시는 다음과 같이 제시될 수 있다.

1. 클라이언트 점검

- 청소 역할 분담 : 청소분담표에 스티커 붙이기를 하며 일주일마다 사례관리자 방문 시 볼 수 있도록 벽에 부착함
- 청소 상태 : 사례관리자가 정기 방문하여 관찰
- 운동 및 식사 관리 : 운동일지 및 식사일지를 작성함
- 병원방문 및 약물관리 : 자원봉사자를 통한 확인
- 기다 목표 항목에 대한 변화 척도 : 자기기입식 평가표를 활용함

2. 지원망 점검

- ○○센터 : 밑반찬배달 일지를 바탕으로 점검(월 1회)
- 정신건강복지센터 : E-mail을 통하여 서비스 제공 정보 교환(월 1회)

3. 점검 사항에 대한 조정 활동

- 애완견 관리가 어려워서 다른 곳으로 모두 입양시켰으나 너무 우울하고 외로워서 애완견 1마리는 다시 키우기로 하고 스스로 잘 관리할 수 있도록 함
- 정신과 치료 1회 이후 치료받지 않아 병원에 자원봉사자가 동행할 수 있도록 함

■ 실전연습

☞ 위의 점검 사례를 참고로 하여 위의 김 별 사례의 점검표를 작성해 보도록 한다.

학습 2 목표달성 여부 확인하기

필요 지식 및 기술 | 사례관리 평가

일반적으로 사회복지실천과 마찬가지로 사례관리에서도 서비스에 대한 책무성(accountability)과 이를 확인하기 위한 평가활동이 강조된다. 사례관리의 평가활동은 종결 단계에 이르러 행해지는 한시적인 과업이 아니라 사례관리 접수 초기부터 종결 시까지 지속적으로 이루어지는 하나의 과정(process)이다. 평가의 궁극적인 목적은 클라이언트에게 더 나은 서비스를 제공하기 위한 방향으로 그 결과들을 환류하는 것이다. 사례관리 평가에서 좀 더 고려해야 할 사항은 다음과 같다(한국사례관리학회 편, 2014).

- 실천과정에 참여하는 이해당사자들이 다양하고 포괄적이다.
- 실천의 효과가 이용자 수준에 국한되지 않고 기관이나 지역사회 수준까지 확대되는 경향이 있다.
- 평가에 반영해야 할 정보의 양이 상대적으로 많다.
- 실천과정의 역동성에 의해 평가활동이 사전에 계획된 대로 충분히 실행되기 어렵다.

1. 사례관리 과정평가

사례관리 과정평가에는 다양한 자료 수집 방법이 동원될 수 있는데, 사례관리 과정에 활용된 다양한 기록 양식에 대한 내용분석, 이용자(본인과 가족)를 대상으로 한 설문조사나 초점집단면접(FGI : Focus Group Interview), 서비스와 연계자원에 대한 과정기록의 분석, 사례관리자를 포함한 실무자 대상의 조사나 면접 등을 통해 과정평가가 이루어진다.

2. 사례관리 성과평가

사례관리에서 성과평가란 사례관리의 실천을 통해 다양한 수준에서 파악되는 변화(change), 결과(outcome), 영향(impact)의 내용을 확인하는 활동으로 정의될 수 있는데, 성과의 수준과 영역을 어떻게 보느냐에 따라 평가의 과업도 매우 다양해질 수 있다. 여기서는 서비스만족도, 목표달성 정도, 욕구수준의 변화 등을 중심으로 성과평과에 대해 살펴보겠다(한국사례관리학회 편, 2014).

1) 서비스만족도

사례관리이용자가 사례관리 과정에서 받은 서비스에 대해 얼마나 만족하는지를 평가하는 과업으로 서비스만족도를 평가하는 조사표를 기관의 사정에 맞게 보완하여 사례 종결 시에 이용자나 가족이 응답하도록 활용할 수 있다.

2) 목표달성의 정도

서비스이용자가 서비스계획 시에 세운 변화 목표가 얼마나 잘 달성되었는지를 평가하여 사례관리의 성과를 드러내는 과업인데, 사례관리 계획 및 점검표에 목표달성의 정도를 간단하게 포함시켜 해당 문항을 활용하여 평가가 가능하다. 합의된 목표나 하위목표가 계량화되지 않은 목표라면 목표달성의 정도는 주관적 평정에 의존할 수밖에 없다.

3) 욕구수준의 변화

사례관리의 대상자가 접수 시에 보인 욕구의 수준(욕구의 심각성 또는 욕구에 대한 이용자의 대처능력 정도)이 종결이나 점검 시에 얼마나 개선 변화되었는지를 사례관리실천의 성과로 평가하는 것인데, 현재 사례관리 계획 및 점검표에 욕구의 수준을 포함시켜 개입 전과 개입 후로 기입하여 활용할 수 있다.

4) 개입 영역의 변화

서비스이용자의 변화 목표를 확인하기 위해 사정에 동원된 특정한 척도(예 자아존중감 척도, 가족기능사정척도, 문제해결 정도 등)가 있을 경우, 해당 척도를 종결 시(또는 점검 시)에 적용하여 사전 사후의 차이나 변화를 사례관리의 성과로 파악할 수 있다.

5) 사례관리자의 업무만족도와 직무능력감

사례관리의 성과는 이용자 수준에 국한되는 것이 아니라 서비스를 제공하는 사례관리실무자 측면에서 성과가 파악되기도 한다.

6) 지역사회 자원의 만족도와 연계 역량

사례관리실천은 서비스 이용자와 실무자 측면의 성과 외에도 사례관리 활동에 참여한 지역사회 내 다양한 자원의 측면에서도 긍정적인 평가가 성과로 파악되기도 한다. 사례관리를 수행하면서 함께 일한 경험이 있는 지역자원을 통해 사례관리 활동에 대한 만족도를 평가하거나 해당 자원의 연계능력이나 협업능력의 변화를 성과로 파악하는데, 이는 사례관리실천의 성과를 지역사회 수준으로 확대하여 확인하는 과정이라 할 수 있다.

■ **실전연습**

☞ 사례관리 평가에서 사용될 수 있는 도구를 찾아본다(3가지 이상).

사례관리 평가서

1. 사례개요

<table>
<tr><td>사례번호</td><td></td><td>성명</td><td></td><td>일자</td><td></td><td>사례관리자</td><td></td></tr>
<tr><td>관리유형</td><td colspan="7">☐ 기본형 ☐ 종합형 ☐ 특정사례관리형</td></tr>
</table>

2. 목표달성정도

<table>
<tr><td>장기목표</td><td colspan="3"></td></tr>
<tr><td rowspan="2">단기목표</td><td rowspan="2"></td><td rowspan="2">변화
정도</td><td colspan="2">척도명 :</td></tr>
<tr><td>개입 전 :</td><td>개입 후 :</td></tr>
<tr><td>실천계획</td><td>진행내용</td><td colspan="3">변화내용</td></tr>
<tr><td>1</td><td></td><td colspan="3"></td></tr>
<tr><td>2</td><td></td><td colspan="3"></td></tr>
</table>

3. 제공된 서비스

서비스명	제공기관	서비스기간	서비스빈도 (주/월/연)	비고

4. 생태도 개입 전-후 비교 사례

개입 전	개입 후

5. 클라이언트 만족도

	문 항	매우 그렇다	그렇다	보통 이다	그렇지 않다	전혀 그렇지 않다
사례관리 과정	사례관리 과정이 원활히 진행되었다.					
	사례관리 결과에 대해 만족한다.					
	이전보다 좀 더 행복해졌다.					
사례관리 내용	나(우리 가족)에게 어떤 변화가 있었나요?					
	더 행복한 나(우리 가족)를 위해 어떤 변화가 필요할까요?					

6. 사례관리 평가결과

평가결과	☐ 종결 ☐ 유지 (☐ 사례관리계획 유지 ☐ 사례관리계획 수정 ☐ 재사정) ☐ 의뢰

| 그림 10-2 | 사례관리 평가서

사회복지사례관리 평가

평가

평가영역	평가문항	매우 미흡	미흡	보통	우수	매우 우수
사례관리 모니터링 하기	1. 사례관리 목표에 근거한 진행 정도, 클라이언트의 노력, 자원과의 상호작용을 점검할 수 있다.	①	②	③	④	⑤
	2. 점검된 내용을 근거로 클라이언트의 욕구를 재사정할 수 있다.	①	②	③	④	⑤
	3. 점검상 나타난 문제의 해결대안을 파악하여 사례관리 실행계획표를 수정할 수 있다.	①	②	③	④	⑤
목표 달성 여부 확인하기	1. 클라이언트와 함께 사례관리 초기의 수립된 계획과 실제적인 목표달성도를 비교할 수 있다.	①	②	③	④	⑤
	2. 목표달성도를 평가하기 위해 질적 평가양식과 양적 평가양식을 작성할 수 있다.	①	②	③	④	⑤
	3. 평가결과를 분석하여 클라이언트의 변화도를 조사할 수 있다.	①	②	③	④	⑤
종결 상황 점검하기	1. 클라이언트 변화와 성과를 확인하기 위하여 클라이언트의 문제해결 과정을 정리할 수 있다.	①	②	③	④	⑤
	2. 사례관리의 종결에 따른 심리적 저항을 상담할 수 있다.	①	②	③	④	⑤
	3. 성과 및 목표달성 정도에 따라 사례회의를 통하여 사례의 종결을 결정할 수 있다.	①	②	③	④	⑤

[평가결과]

평가영역	문항 수	점 수	점수 ÷ 문항 수
사례관리 모니터링하기	3		
목표 달성여부 확인하기	3		
종결 상황 점검하기	3		
합 계	9		

☞ 자신의 점수를 문항 수로 나눈 값이 '3점' 이하에 해당하는 영역은 업무를 성공적으로 수행하는 데 요구되는 능력이 부족한 것으로 교육훈련이나 개인학습을 통한 개발이 필요함.

11

Chapter

사회복지사례관리 종결

학습 1 종결보고서 작성하기

학습 2, 3 사후관리 계획 수립하기, 사후관리하기

제11장 사회복지사례관리 종결

분류번호 : 0701020409_14v2

능력단위 명칭 : 사회복지사례관리 종결

능력단위 정의 : 사회복지사례관리 종결은 종결보고서를 작성하고 사후관리를 요청한 클라이언트를 대상으로 사후관리 계획을 수립하여 일정 기간 관리하는 능력이다.

■ 능력단위 요소 및 수행준거

능력단위 요소	수행준거
0701020409_14v2.1 종결보고서 작성하기	1.1 종결보고서 작성에 필요한 자료를 수집·정리할 수 있다. 1.2 사례관리 과정에서 수집된 자료를 기반으로 종결사유, 제공된 서비스, 전체적 변화와 성장, 사례관리자의 의견을 보고서로 작성할 수 있다. 1.3 사례관리 과정에서 관계된 자원들에게 사례종결에 따른 결과를 통보할 수 있다.
0701020409_14v2.2 사후관리 계획 수립하기	2.1 사례종결 후 (재)개입의 필요성을 판단할 수 있다. 2.2 사례별 종결 이후 필요한 서비스를 계획할 수 있다. 2.3 클라이언트와 종결 이후의 과정을 합의할 수 있다.
0701020409_14v2.3 사후관리하기	3.1 클라이언트가 종결 이후의 상황을 유지·개선하도록 지지할 수 있다. 3.2 클라이언트의 외부체계를 활용하여 문제의 재발을 모니터링할 수 있다. 3.3 문제 상황 발생 시 사정을 통하여 재개입하거나 타 기관에 의뢰할 수 있다.

■ 선수 학습

인간과 사회환경에 대한 심리사회이론, 생태체계이론, 생애발달이론, 사회복지사의 윤리 및 태도

■ 핵심 용어

사례관리, 종결보고서, 사후관리 계획, 사후관리

■ 수행 학습 필요 사항

자료 및 관련 서류

- 사례 종결보고서

- 사후관리 계획서

장비 및 도구

- 컴퓨터 및 프린터

학습 1 종결보고서 작성하기

필요 지식 및 기술 | 사례관리 종결

1. 사례관리 종결의 개념과 원리

종결은 사례관리 활동을 마무리하는 과정이다. 사례관리를 통해 이용자의 변화 목표나 개입으로 기대된 변화가 달성되어 더 이상 사례관리서비스가 필요하지 않다고 합의적인 판단이 이루어진 경우, 사례관리 과정에 대한 종결이 모색될 수 있다. 일반 실천의 경우와 마찬가지로 주거지 이전으로 정기적인 접촉이 불가능한 경우, 장기간의 연락두절, 이용자 본인이나 보호자의 의사 반영 등의 사유로 사례관리를 종결할 수도 있다. 사례관리 종결 과업에 이르는 데 도움이 되는 몇 가지 원칙은 아래와 같다(한국사례관리학회, 2014).

- 종결까지 사례관리자가 계속 애정을 갖는다.
- 서비스이용자가 사례관리자를 계속 의지할 수 있도록 하나 종결 후 서비스는 제한적이라는 점을 분명히 이해해야 한다.
- 반드시 클라이언트와 함께 사후관리 계획을 세우고, 필요시 언제라도 다시 연락을 취할 수 있도록 문을 열어놓는 것을 잊지 말아야 한다.

2. 종결단계의 기록

- 종결 후 6개월 동안 사후관리 하는 것을 원칙으로 하며, 이는 개별 사례의 상황에 따라 조정이 가능하다.

- 종결기록 후 사후관리 과정은 사후관리 양식이나 과정기록지에 추가적으로 기록한다.
- 사후관리가 종료되면 사례관리서비스가 전체적으로 종료된다.
- 서비스가 종료되면 대상자에 대한 모든 기록은 다음의 순서로 묶어 보관한다.
  - 사례관리 종결보고서, 사후관리 양식, 초기면접지, 서비스 동의서, 사례관리 사정표, 서비스 계획 및 점검표, 과정기록지, 의뢰서, 기타 평가척도 등

3. 사례관리 종결보고서

- **종결사유** : 사례관리서비스를 종결하게 된 궁극적인 사유(클라이언트에 의한 종결, 사례관리자나 기관에 의한 종결, 기타 사유 등)를 표시한다. 기타 사유의 경우 좀 더 구체적으로 기록한다.
- **서비스 제공 요약** : 서비스 욕구에 따른 직접 또는 연계서비스의 내용과 투입시간의 총량 또는 제공빈도를 계산하여 기록한다.
- **대상자 변화 사항** : 사례관리 개입 전과 후의 상황을 욕구 중심으로 비교평가하여 기술한다. 이때 생태도 및 기타 척도나 평가도구를 활용하여 객관적으로 평가할 수 있다.
- **사례관리자의 의견** : 사례관리를 담당한 실무자의 전문적 판단과 의견을 종합적으로 정리하여 기술한다.
- **사후관리 계획** : 사후관리 기간, 방법 등을 기술한다.

■ **실전연습**

☞ 아래의 보고서 양식을 바탕으로 종결보고서를 작성해 본다.

사례관리 종결보고서

<table>
<tr><td>사례번호</td><td></td><td>성 명</td><td></td><td>생년월일</td><td>. .</td></tr>
<tr><td>주 소</td><td colspan="3"></td><td>연락처</td><td></td></tr>
<tr><td>관리유형</td><td colspan="5">☐ 기본형 ☐ 종합형 ☐ 특정사례관리형</td></tr>
<tr><td>등록일</td><td colspan="2"></td><td>종결일</td><td colspan="2"></td></tr>
<tr><td rowspan="2">종결유형 및 사유</td><td colspan="5">사 유</td></tr>
<tr><td colspan="5">☐ 목표달성 ☐ 타 지역 이주( )
☐ 타 기관 의뢰(기관명 : 의뢰일 :)
☐ 기관의 사업 종료 ☐ 이용자 사망
☐ 연락 두절 ☐ 서비스 거절이나 포기
☐ 기타( )</td></tr>
<tr><td rowspan="5">서비스 제공현황</td><td>서비스 영역</td><td>서비스명</td><td>제공빈도</td><td colspan="2">수행평가</td></tr>
<tr><td></td><td></td><td></td><td colspan="2"></td></tr>
<tr><td></td><td></td><td></td><td colspan="2"></td></tr>
<tr><td></td><td></td><td></td><td colspan="2"></td></tr>
<tr><td></td><td></td><td></td><td colspan="2"></td></tr>
<tr><td rowspan="2">클라이언트 변화사항</td><td colspan="2">초기상황</td><td colspan="3">종결상황</td></tr>
<tr><td colspan="2"></td><td colspan="3"></td></tr>
<tr><td>사례관리자 의견</td><td colspan="5"></td></tr>
<tr><td rowspan="3">사후관리 / 의뢰계획</td><td>담당자</td><td colspan="2">사후관리 / 의뢰 일정</td><td colspan="2">사후관리 / 의뢰 내용</td></tr>
<tr><td></td><td colspan="2"></td><td colspan="2"></td></tr>
<tr><td></td><td colspan="2"></td><td colspan="2"></td></tr>
<tr><td>사례관리자</td><td colspan="5">(인)</td></tr>
</table>

| 그림 11-1 | 사례관리 종결보고서

학습 2, 3 사후관리 계획 수립하기, 사후관리하기

필요 지식 및 기술 | 사후관리

1. 사후관리의 개념

사후관리는 서비스 종결 이후 일정 기간을 두고 종결 이후의 변화 상황 안정화 여부를 모니터링하고 재개입 필요성을 조기에 판단하기 위한 목적으로 수행된다. 사후관리의 과정에서 사례관리자는 이용자의 변화 유지에 도움이 되는 지지적 상담과 정보를 제공하여 이용자의 심리적 안정과 함께 지역사회 적응을 도울 수 있다(한국사례관리학회, 2014).

2. 사후관리의 기록

사후관리란 종결 사례에 대해 종결 시점 이후 변화의 안정화 여부를 확인하여 종결 상태를 확정하거나 재개입의 가능성을 탐색하기 위한 과정이다. 따라서 사후관리 과정에서 기록 관리되어야 하는 주요 정보는 사후관리 과정을 통해 파악한 정보를 정리하는 것과 이 내용을 토대로 종결의 확정 혹은 재개입 여부를 판단하는 데 필요한 정보를 요약하는 것이다. 이를 통해 사례관리자는 재개입이나 타 기관 의뢰, 종결 확정 등의 최종 의사결정을 하게 된다.

■ **실전연습**

☞ 아래의 보고서 양식을 바탕으로 사후관리 보고서를 작성해 본다.

사후관리 보고서

<table>
<tr><td>사례번호</td><td></td><td>성 명</td><td></td><td>생년월일</td><td>. .</td></tr>
<tr><td>주 소</td><td colspan="3"></td><td>연락처</td><td></td></tr>
<tr><td>관리유형</td><td colspan="5">☐ 기본형 ☐ 종합형 ☐ 특정사례관리형</td></tr>
<tr><td>등록일</td><td colspan="2"></td><td>종결일</td><td colspan="2"></td></tr>
<tr><td rowspan="3">1차 사후관리</td><td>날짜</td><td></td><td>접촉방법</td><td colspan="2">☐ 전화상담 ☐ 내방상담
☐ 가정/방문상담 ☐ 기타</td></tr>
<tr><td>접촉대상</td><td colspan="4">☐ 클라이언트 ☐ 가족( ) ☐ 기타 ( )</td></tr>
<tr><td>현상황요약</td><td colspan="4"></td></tr>
<tr><td rowspan="3">2차 사후관리</td><td>날짜</td><td></td><td>접촉방법</td><td colspan="2">☐ 전화상담 ☐ 내방상담
☐ 가정/방문상담 ☐ 기타</td></tr>
<tr><td>접촉대상</td><td colspan="4">☐ 클라이언트 ☐ 가족( ) ☐ 기타 ( )</td></tr>
<tr><td>현상황요약</td><td colspan="4"></td></tr>
<tr><td>사례관리자
종합 의견</td><td colspan="5"></td></tr>
<tr><td>추후 계획</td><td colspan="5"></td></tr>
<tr><td>사례관리자</td><td colspan="5">(인)</td></tr>
<tr><td>작성 날짜</td><td colspan="5"></td></tr>
</table>

| 그림 11-2 | 사후관리 보고서

사회복지사례관리 종결 평가

평가영역	평가문항	매우 미흡	미흡	보통	우수	매우 우수
종결 보고서 작성하기	1. 종결보고서 작성에 필요한 자료를 수집·정리할 수 있다.	①	②	③	④	⑤
	2. 사례관리 과정에서 수집된 자료를 기반으로 종결사유, 제공된 서비스, 전체적 변화와 성장, 사례관리자의 의견을 보고서로 작성할 수 있다.	①	②	③	④	⑤
	3. 사례관리 과정에서 관계된 자원들에게 사례종결에 따른 결과를 통보할 수 있다.	①	②	③	④	⑤
사후관리 계획 수립하기	1. 사례종결 후 (재)개입의 필요성을 판단할 수 있다.	①	②	③	④	⑤
	2. 사례별 종결 이후 필요한 서비스를 계획할 수 있다.	①	②	③	④	⑤
	3. 클라이언트와 종결 이후의 과정을 합의할 수 있다.	①	②	③	④	⑤
사후관리 하기	1. 클라이언트가 종결 이후의 상황을 유지·개선하도록 지지할 수 있다.	①	②	③	④	⑤
	2. 클라이언트의 외부체계를 활용하여 문제의 재발을 모니터링할 수 있다.	①	②	③	④	⑤
	3. 문제 상황 발생 시 사정을 통하여 재개입하거나 타 기관에 의뢰할 수 있다.	①	②	③	④	⑤

[평가결과]

평가영역	문항 수	점 수	점수 ÷ 문항 수
종결보고서 작성하기	3		
사후관리 계획 수립하기	3		
사후관리하기	3		
합 계	9		

☞ 자신의 점수를 문항 수로 나눈 값이 '3점' 이하에 해당하는 영역은 업무를 성공적으로 수행하는데 요구되는 능력이 부족한 것으로 교육훈련이나 개인학습을 통한 개발이 필요함.

참고문헌

고미영・최경원・황숙연 공역(2002). 사회복지실천의 가치와 윤리. Reamer, F. G.(1999). *Social Work Values and Ethics*(2nd ed.). 사회복지실천연구소.

구금섭・박지영・김종철・전대성・허정철(2014). 사회복지실천론. 경기 : 공동체.

권구영 외(2008). 사회복지실천론. 서울 : 창지사.

권진숙・박지영(2009). 사례관리의 이론과 실제(제2판). 서울 : 학지사.

권진숙・전석균 공역. Ballew, J. R., & Mink, G.(1999). 사례관리. 서울 : 하나의학사.

김기덕・최소연・권자영(2012). 사회복지 윤리와 철학. 경기 : 양서원.

김기태(2006). 위기개입론. 서울 : 대왕사.

김기태・김수환・김영호・박지영(2007). 사회복지실천론. 경기 : 공동체.

김민두 역. David P. Moxley(1993). 사례관리실천론. 서울 : 홍익재.

김혜란・홍성미・공계순(2006). 사회복지실천기술론. 경기 : 나남.

김혜영・석말숙・최정숙・김성경(2015). 사회복지실천론. 경기 : 공동체.

민소영(2006). 만성정신장애인을 위한 사례관리 모형과 수행구조에 대한 탐색적 연구. 사회복지연구, 30, 215-242.

_____(2008). 강점관점 반영 사례관리 훈련프로그램의 개발 및 효과성 연구. 한국사회복지행정학, 10(1), 39-65

박귀영・오현숙・간호옥・신성일・안원철・박경숙(2015). 사회복지실천론. 경기 : 양서원.

박미은(2015). 사회복지사를 위한 사례관리. 경기 : 양서원.

백은령(2007). 사회복지실천론. 서울 : 대왕사.

보건복지부(2010). 공공사례관리 매뉴얼.

_________(2017). 2017읍면동 맞춤형 복지 업무 매뉴얼.

서미경・김영란・박미은(2015). 사회복지 윤리와 철학. 경기 : 양서원.

서울대 사회복지실천연구회 역(2001). 사회복지실천기법과 지침. B. W. Sheafor, C. R. Horejsi, G. A. Horejsi(1997). *Techniques and Guidelines for Social Work Practice*. 서울 : 나남출판.

설진화(2009). 사례관리론. 경기 : 양서원.

손광훈(2009). 사회복지실천기술론. 경기 : 공동체.

송근창 외(2015). 사회복지사례관리 인테이크 NCS 학습모듈. 한국직업능력개발원. 교육부.

양옥경 · 김미옥 · 김미원 · 김정자 · 남경희 · 박인선 · 신혜령 · 안혜영 · 윤현숙 · 이은주 · 한혜경(2004). 사회복지윤리와 철학. 서울 : 나눔의집.
양옥경 · 김정진 · 서미경 · 김미옥 · 김소희(2010). 사회복지실천론. 경기 : 나남.
엄명용 · 김성천 · 오혜경 · 윤혜미(2007). 사회복지실천의 이해. 서울 : 학지사.
우국희 · 성정현 · 좌현숙 · 장연진 · 최승희(2016). 사회복지실천론. 서울 : 신정.
이경아 · 박정임 · 김민석 · 서홍란 · 하경희 · 이금진 · 유명이 · 강미경 공역(2004). Wes Shera, Lilian M. Wells 저. 사회복지에서의 역량강화실천. 경기 : 양서원.
이근홍(2008). 케어매니지먼트. 경기 : 공동체.
______(2015). 사례관리. 경기 : 양서원.
이은희 · 김남숙(2015). 사회복지실천론. 경기 : 양서원.
이효선(2003). 사회복지 윤리와 철학의 이해. 서울 : 학지사.
장인협(2005). 사회복지실천방법론 下. 서울 : 서울대학교출판부.
장인협 · 우국희(2006). 케어 · 케이스 매니지먼트. 서울 : 서울대학교출판부.
정 은(2009). 가족상담. 서울 : 창지사.
정순둘(2005). 사례관리실천의 이해-한국적 경험. 서울 : 학지사.
조미숙 · 이윤로 · 강용규 · 간호옥 · 김나영(2006). 사례관리. 서울 : 창지사.
한국사례관리학회 편(2014). 사례관리론. 서울 : 학지사.
허남순 · 한인영 · 김기환 · 김용석(2004). 사회복지실천과 기술. 경기 : 나남출판.

Dolgoff, R., & Feldstein D.(2000). *Understanding Social Welfare*(5th ed.). Allyn and Bacon.
Goldstein, H.(1973). *Social work : A unitary approach*. Columbia, S.C. : University of South Crolina Press.
Jonson, L. C., & Yanca, S. J.(2004). *Social Work Practice : A Generalist Approach*(8th ed.). Boston : Pearson Education, Inc.
Magure, L.(2002). *Clinical Social Work*. Brooks/Cole.
Middleman R. R., & Goldberg, G. G.(1990). *Skills for direct practice in social work*. New York : Columbia university press.
Moore, S.(1990). A Social work practice model of case management : The case management grid. *Social Work, 35*(5), 444-448.
Morales A. T., & Sheafor, B. W.(1998). *Social work : a profession of many faces*(8th ed.). Boston : Allyn & Bacon.
Moxley, D. P.(1989). *The Practice of Case Management*. CA : Sage Publications.
NASW(1981). *NASW standards for the classification of social work practice*. Silver Spring, M D : Author.
Reamer, F. G.(1995). *Social work values & ethics*. Columbia university press.

Saleebey, D.(1996). The strengths perspectives in social work practice : Extention and cautions. *Social Work, 41*(3), 296-305.

__________(ed.)(2009). *The strengths perspective in social work practice*(5th ed.). Pearson Education, Inc.

Shulman, l.(1992). *The skills helping : individuals, families and groups*(3rd ed.). Itasca : F. E. Peacock.

Smalley, R.(1967). *Theory for social work practice*. New York : Columbia university.

Toseland, R. W., & Rivas, R. F.(2005). *An Introduction to group work practices*(5th ed.) Boston, MA : Pearson Education. Inc.

Turner, F.(1986). Theory in social work practice. in F. Turner(ed.), *Social work treatment : interlocking theoretical approach*(3rd ed.). New York : The Free Press.

Woodside, M., & McClam, T.(2006). *Generalist case management : A method of human service delivery*(3rd ed.). Thomson Brooks/Cole.

Zastrow, C.(1995). *The practice of social work.* Pacific Grove, CA : Brooks/cole publishing company.

저/자/약/력

■ **최윤정**
부산대학교 행정학사(사회복지학 전공)
부산대학교 대학원 사회복지학석사
부산대학교 대학원 사회복지학박사
전 부산진구정신보건센터 정신보건사회복지사
원송병원 정신보건사회복지사
현 경남정보대학교 사회복지과 교수

NCS를 적용한 사회복지실천론

|**저자**| 최윤정

|**1판 1쇄**| 발행 2017년 8월 20일
|**1판 2쇄**| 발행 2019년 8월 30일
|**1판 3쇄**| 발행 2022년 8월 30일

|**발행인**| 김동훈
|**발행처**| **공동체**

|**주소**| 경기도 고양시 일산동구 호수로 358 39, 동문타워 I 905호(백석동)
|**전화**| 031)920-8305(대표)
|**팩스**| 031)920-8308
|**e-mail**| compub@naver.com
|**출판등록**| 2005년 10월 6일
|**등록번호**| 제396-2005-36호

|**ISBN**| 978-89-6352-834-2
정가 15,000원